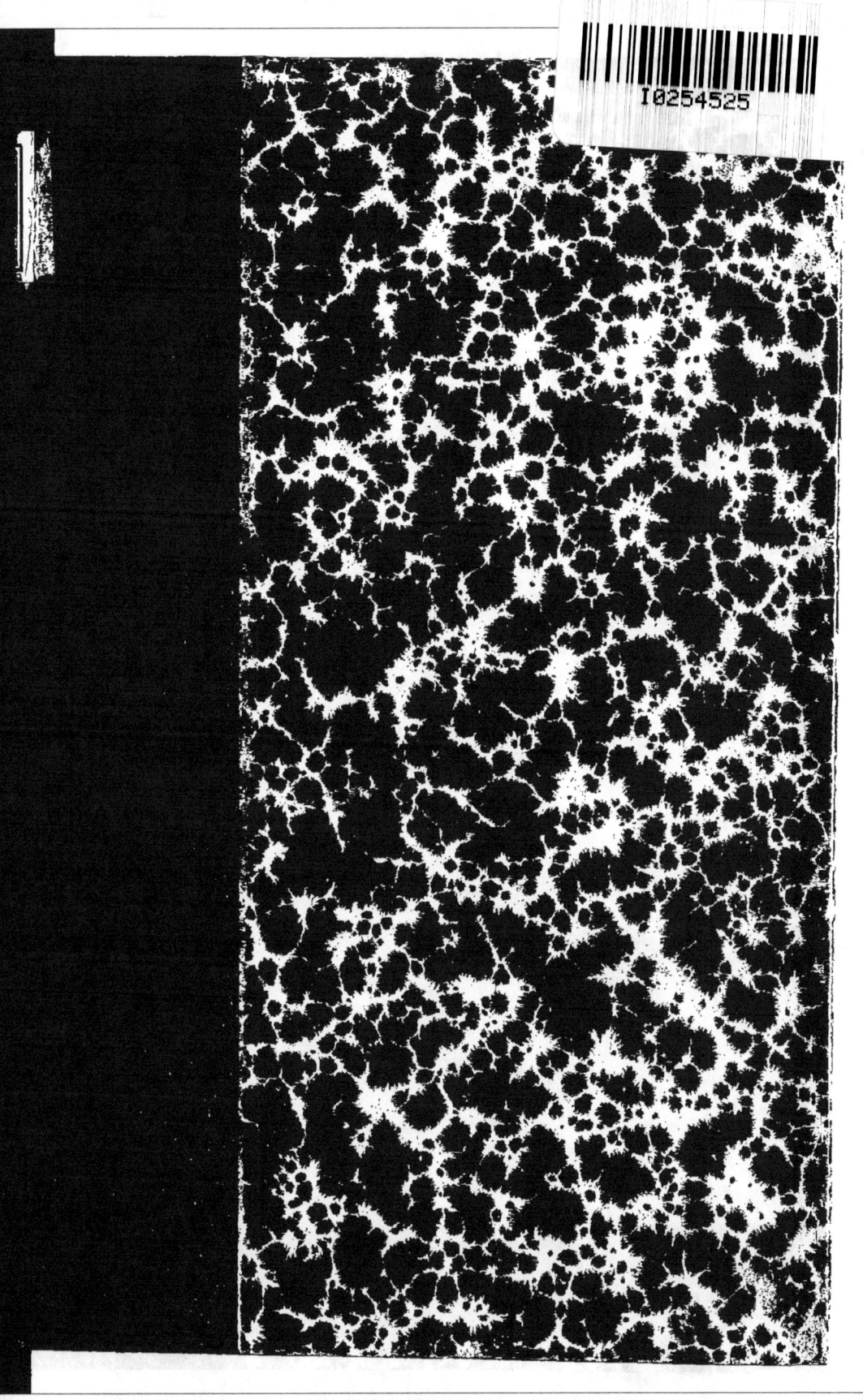

BIBLIOTHÈQUE CONTEMPORAINE

LE C^{TE} ALFRED DE VIGNY
DE L'ACADÉMIE FRANÇAISE
— ŒUVRES COMPLÈTES —

SERVITUDE
ET
GRANDEUR
MILITAIRE

HUITIÈME ÉDITION
REVUE ET CORRIGÉE

PARIS
MICHEL LÉVY FRÈRES, ÉDITEURS
RUE VIVIENNE, 2 BIS, ET BOULEVARD DES ITALIENS, 15
A LA LIBRAIRIE NOUVELLE
1863

ŒUVRES COMPLÈTES

DE

M. LE C^TE ALFRED DE VIGNY

DE L'ACADÉMIE FRANÇAISE

LIBRAIRIE DE MICHEL LÉVY FRÈRES, ÉDITEURS

ŒUVRES COMPLÈTES

DE

M. LE C^{TE} ALFRED DE VIGNY

DE L'ACADÉMIE FRANÇAISE

NOUVELLE ÉDITION FORMAT GRAND IN-18

Chaque volume se vend séparément.

STELLO.	Un volume.
CINQ-MARS OU UNE CONJURATION SOUS LOUIS XIII.	Un volume.
POÉSIES COMPLÈTES.	Un volume.
SERVITUDE ET GRANDEUR MILITAIRE.	Un volume.
THÉATRE COMPLET	Un volume.

ÉDITION FORMAT IN-8° EN CINQ VOLUMES

Chaque volume se vend séparément.

PARIS. — IMPRIMERIE DE J. CLAYE, RUE SAINT-BENOIT, 7.

SERVITUDE
ET
GRANDEUR
MILITAIRES

LAURETTE, LA VEILLÉE DE VINCENNES
LA CANNE DE JONC

PAR LE COMTE
ALFRED DE VIGNY
DE L'ACADÉMIE FRANÇAISE

HUITIÈME ÉDITION
REVUE ET CORRIGÉE

PARIS
MICHEL LÉVY FRÈRES, LIBRAIRES ÉDITEURS
RUE VIVIENNE, 2 BIS, ET BOULEVARD DES ITALIENS, 15
A LA LIBRAIRIE NOUVELLE
1864
Tous droits réservés

LIVRE PREMIER

SOUVENIRS

DE

SERVITUDE MILITAIRE

Ave, Cæsar, morituri te salutant...

SOUVENIRS
DE
SERVITUDE MILITAIRE

―――∽∾⌘∾∽― ―

CHAPITRE PREMIER.

POURQUOI J'AI RASSEMBLÉ CES SOUVENIRS.

S'il est vrai, selon le poëte catholique, qu'il n'y ait pas de plus grande peine que de se rappeler un temps heureux, dans la misère, il est aussi vrai que l'âme trouve quelque bonheur à se rappeler, dans un moment de calme et de liberté, les temps de peine ou d'esclavage. Cette mélancolique émotion me fait jeter en arrière un triste regard sur quelques années de ma vie, quoique ces années soient bien proches de celle-ci, et que cette vie ne soit pas bien longue encore.

Je ne puis m'empêcher de dire combien j'ai vu de souffrances peu connues et courageusement portées par une race d'hommes toujours dédaignée ou honorée outre mesure, selon que les nations la trouvent utile ou nécessaire.

Cependant ce sentiment ne me porte pas seul à cet écrit, et j'espère qu'il pourra servir à montrer quelquefois, par des détails de mœurs observés de mes yeux, ce qu'il nous reste encore d'arriéré et de barbare dans l'organisation toute moderne de nos Armées permanentes, où l'homme de guerre est isolé du citoyen, où il est malheureux et féroce, parce qu'il sent sa condition mauvaise et absurde. Il est triste que tout se modifie au milieu de nous, et que la destinée des Armées soit la seule immobile. La loi chrétienne a changé une fois les usages farouches de la guerre ; mais les conséquences des nouvelles mœurs qu'elle introduisit n'ont pas été poussées assez loin sur ce point. Avant elle, le vaincu était massacré ou esclave pour la vie, les villes prises, saccagées, les habitants chassés et dispersés ; aussi chaque État épouvanté se tenait-il constamment prêt à des mesures désespérées, et la défense était aussi atroce que l'attaque. A présent, les villes conquises n'ont à craindre que de payer des contributions. Ainsi la guerre s'est civilisée, mais non les Armées ; car non-seulement la routine de nos coutumes leur a conservé tout ce qu'il y avait de mauvais en elles ; mais l'ambition ou les terreurs des gouvernements ont accrû le mal, en les séparant chaque jour du pays, et en leur faisant une Servitude plus oisive et plus grossière que jamais. Je crois peu aux bienfaits des subites organisations ; mais je conçois ceux des améliorations successives. Quand l'attention générale est attirée sur une blessure, la guérison tarde peu. Cette guérison sans doute est un problème difficile à résoudre pour le législateur, mais il n'en était que plus nécessaire de le poser. Je le fais ici, et si notre époque n'est pas destinée à en avoir la solution, du moins ce vœu aura reçu de moi sa forme, et les difficultés en seront peut-être diminuées. On ne peut trop hâter l'époque où les Armées seront identifiées à la Nation, si elle doit acheminer au temps où les Armées et la guerre ne seront plus, et où le globe ne portera plus qu'une nation unanime enfin sur ses formes sociales ; événement qui, depuis longtemps, devrait être accompli.

Je n'ai nul dessein d'intéresser à moi-même, et ces souvenirs seront plutôt les mémoires des autres que les miens ; mais j'ai été assez vivement et assez longtemps blessé des étrangetés de la vie des Armées pour en pouvoir parler. Ce n'est que pour constater ce triste droit que je dis quelques mots sur moi.

J'appartiens à cette génération née avec le siècle, qui, nourrie de bulletins par l'Empereur, avait toujours devant les yeux une épée nue, et vint la prendre au moment même où la France la remettait dans le fourreau des Bourbons. Aussi dans ce modeste tableau d'une partie obscure de ma vie, je ne veux paraître que ce que je fus, spectateur plus qu'acteur, à mon grand regret. Les événements que je cherchais ne vinrent pas aussi grands qu'il me les eût fallu. Qu'y faire? — on n'est pas toujours maître de jouer le rôle qu'on eût aimé, et l'habit ne nous vient pas toujours au temps où nous le porterions le mieux. Au moment où j'écris [1], un homme de vingt ans de service n'a pas vu une bataille rangée. J'ai peu d'aventures à vous raconter, mais j'en ai entendu beaucoup. Je ferai donc parler les autres plus que moi-même, hors quand je serai forcé de m'appeler comme témoin. Je m'y suis toujours senti quelque répugnance, en étant empêché par une certaine pudeur, au moment de me mettre en scène. Quand cela m'arrivera, du moins puis-je attester qu'en ces endroits je serai vrai. Quand on parle de soi, la meilleure muse est la Franchise. Je ne saurais me parer de bonne grâce de la plume des paons ; toute belle qu'elle est, je crois que chacun doit lui préférer la sienne. Je ne me sens pas assez de modestie, je l'avoue, pour croire gagner beaucoup en prenant quelque chose de l'allure d'un autre, et en posant dans une attitude grandiose, artistement choisie, et pénible-

1. En 1835.

ment conservée aux dépens des bonnes inclinations naturelles et d'un penchant inné que nous avons tous vers la vérité. Je ne sais si de nos jours il ne s'est pas fait quelque abus de cette littéraire singerie ; et il me semble que la moue de Bonaparte et celle de Byron ont fait grimacer bien des figures innocentes.

La vie est trop courte pour que nous en perdions une part précieuse à nous contrefaire. Encore si l'on avait affaire à un peuple grossier et facile à duper ! mais le nôtre a l'œil si prompt et si fin qu'il reconnaît sur-le-champ à quel modèle vous empruntez ce mot ou ce geste, cette parole ou cette démarche favorite, ou seulement telle coiffure ou tel habit. Il souffle tout d'abord sur la barbe de votre masque et prend en mépris votre vrai visage, dont, sans cela, il eût peut-être pris en amitié les traits naturels.

Je ferai donc peu le guerrier, ayant peu vu la guerre ; mais j'ai droit de parler des mâles coutumes de l'Armée, où les fatigues et les ennuis ne me furent point épargnés, et qui trempèrent mon âme dans une patience à toute épreuve, en lui faisant rejeter ses forces dans le recueillement solitaire et l'étude. Je pourrai faire voir aussi ce qu'il y a d'attachant dans la vie sauvage des armes, toute pénible qu'elle est, y étant demeuré si longtemps entre l'écho et le rêve des batailles. C'eût été là assurément quatorze ans de perdus, si je n'y eusse exercé une observation attentive et persévérante, qui faisait son profit de tout pour l'avenir. Je dois même à la vie de l'armée des vues de la nature humaine que jamais je n'eusse pu rechercher autrement que sous l'habit militaire. Il y a des scènes que l'on ne trouve qu'au milieu de dégoûts qui seraient vraiment intolérables, si l'on n'était pas forcé par l'honneur de les tolérer.

J'aimai toujours à écouter, et quand j'étais tout enfant, je pris de bonne heure ce goût sur les genoux blessés de mon vieux père. Il me nourrit d'abord de l'histoire de ses campagnes, et, sur ses genoux, je trouvai la guerre assise à côté de moi; il me montra la guerre dans ses blessures, la guerre dans les parchemins et le blason de ses pères, la guerre dans leurs grands portraits cuirassés, suspendus, en Beauce, dans un vieux château. Je vis dans la Noblesse une grande famille de soldats héréditaires, et je ne pensai plus qu'à m'élever à la taille d'un soldat.

Mon père racontait ses longues guerres avec l'observation profonde d'un philosophe et la grâce d'un homme de cour. Par lui, je connais intimement Louis XV et le grand Frédéric ; je n'affirmerais pas que je n'aie pas vécu de leur temps, familier comme je le fus avec eux par tant de récits de la guerre de Sept ans.

Mon père avait pour Frédéric II cette admiration éclairée qui voit les hautes facultés sans s'en étonner outre mesure. Il me frappa tout d'abord l'esprit de cette vue, me disant aussi comment trop d'enthousiasme pour cet illustre ennemi avait été un tort des officiers de son temps ; qu'ils étaient à demi vaincus par là, quand Frédéric s'avançait grandi par l'exaltation française ; que les divisions successives des trois puissances entre elles et des généraux français entre eux l'avaient servi dans la fortune éclatante de ses armes ; mais que sa grandeur avait été surtout de se connaître parfaitement, d'apprécier à leur juste valeur les éléments de son élévation, et de faire, avec la modestie d'un sage, les honneurs de sa victoire. Il paraissait quelquefois penser que l'Europe l'avait ménagé. Mon père avait vu de près ce roi philosophe, sur le champ de bataille, où son frère, l'aîné de mes sept oncles, avait été emporté d'un boulet de canon ; il avait été reçu souvent par le Roi sous la tente prussienne avec une grâce et une politesse toutes françaises, et l'avait entendu parler de Voltaire et jouer de la flûte après une bataille gagnée. Je m'étends ici, presque malgré moi, parce que ce fut le premier grand homme dont me fut tracé ainsi, en famille, le portrait d'après nature, et parce que mon admiration pour lui fut le premier symptôme de mon inutile amour des armes, la cause première d'une des plus complètes déceptions de ma vie. Ce portrait est brillant encore, dans ma mémoire, des plus vives couleurs, et le portrait physique autant que l'autre. Son chapeau avancé sur un front poudré, son dos voûté à cheval, ses grands yeux, sa bouche moqueuse et sévère, sa canne d'invalide faite en béquille, rien ne m'était étranger; et, au sortir de ces récits, je ne vis qu'avec humeur Bonaparte prendre chapeau, tabatière et geste pareils; il me parut d'abord plagiaire : et qui sait si, en ce point, ce grand homme ne le fut pas quelque peu? qui saura peser ce qu'il entre du comédien dans tout homme public toujours en vue? Frédéric II n'était-il pas le premier type du grand capitaine tacticien moderne, du roi philosophe et organisateur? C'étaient là les premières idées qui s'agitaient dans mon esprit, et j'assistais à d'autres temps racontés avec une vérité toute remplie de saines leçons. J'entends encore mon père tout irrité des divisions du prince de Soubise et de M. de Clermont; j'entends encore ses grandes indignations contre les intrigues de l'Œil-de-Bœuf, qui faisaient que les généraux français s'abandonnaient tour à tour sur le champ de bataille, préférant la défaite de l'armée au triomphe d'un rival; je l'entends tout ému de ses antiques amitiés pour M. de

Chevert et pour M. d'Assas, avec qui il était au camp la nuit de sa mort. Les yeux qui les avaient vus mirent leur image dans les miens, et aussi celle de bien de personnages célèbres morts longtemps avant ma naissance. Les récits de famille ont cela de bon, qu'ils se gravent plus fortement dans la mémoire que les narrations écrites; ils sont vivants comme le conteur vénéré, et ils allongent notre vie en arrière, comme l'imagination qui devine peut l'allonger en avant dans l'avenir.

Je ne sais si un jour j'écrirai pour moi-même tous les détails intimes de ma vie; mais je ne veux parler ici que d'une des préoccupations de mon âme. Quelquefois, l'esprit tourmenté du passé et attendant peu de chose de l'avenir, on cède trop aisément à la tentation d'amuser quelques désœuvrés des secrets de sa famille et des mystères de son cœur. Je conçois que quelques écrivains se soient plu à faire pénétrer tous les regards dans l'intérieur de leur vie et même de leur conscience, l'ouvrant et le laissant surprendre par la lumière, tout en désordre et comme encombré de familiers souvenirs et des fautes les plus chéries. Il y a des œuvres telles parmi les plus beaux livres de notre langue, et qui nous resteront comme ces beaux portraits de lui-même que Raphaël ne cessait de faire. Mais ceux qui se sont représentés ainsi, soit avec un voile, soit à visage découvert, en ont eu le droit, et je ne pense pas que l'on puisse faire ses confessions à voix haute, avant d'être assez vieux, assez illustre ou assez repentant, pour intéresser toute une nation à ses péchés. Jusque-là on ne peut guère prétendre qu'à lui être utile par ses idées ou par ses actions.

Vers la fin de l'Empire, je fus un lycéen distrait. La guerre était debout dans le lycée, le tambour étouffait à mes oreilles la voix des maîtres, et la voix mystérieuse des livres ne nous parlait qu'un langage froid et pédantesque. Les logarithmes et les tropes n'étaient à nos yeux que des degrés pour monter à l'étoile de la Légion d'honneur, la plus belle étoile des cieux pour des enfants.

Nulle méditation ne pouvait enchaîner longtemps des têtes étourdies sans cesse par les canons et les cloches des *Te Deum!* Lorsqu'un de nos frères, sorti depuis quelques mois du collége, reparaissait en uniforme de housard et le bras en écharpe, nous rougissions de nos livres et nous les jetions à la tête des maîtres. Les maîtres même ne cessaient de nous lire les bulletins de la grande armée, et nos cris de Vive l'Empereur! interrompaient Tacite et Platon. Nos précepteurs ressemblaient à des hérauts d'armes, nos salles d'étude à des casernes, nos récréations à des manœuvres, et nos examens à des revues.

Il me prit alors plus que jamais un amour vraiment désordonné de la gloire des armes; passion d'autant plus malheureuse que c'était le temps précisément où, comme je l'ai dit, la France commençait à s'en guérir. Mais l'orage grondait encore, et ni mes études sévères, rudes, forcées, et trop précoces, ni le bruit du grand monde, où, pour me distraire de ce penchant, on m'avait jeté tout adolescent, ne me purent ôter cette idée fixe.

Bien souvent j'ai souri de pitié sur moi-même en voyant avec quelle force une idée s'empare de nous, comme elle nous fait sa dupe, et combien il faut de temps pour l'user. La satiété même ne parvint qu'à me faire désobéir à celle-ci, non à la détruire en moi, et ce livre aussi me prouve que je prends plaisir encore à la caresser, et que je ne serais pas éloigné d'une rechute. Tant les impressions d'enfance sont profondes, et tant s'était bien gravée sur nos cœurs la marque brûlante de l'Aigle Romaine!

Ce ne fut que très-tard que je m'aperçus que mes services n'étaient qu'une longue méprise, et que j'avais porté dans une vie tout active une nature toute contemplative. Mais j'avais suivi la pente de cette génération de l'Empire, née avec le siècle, et de laquelle je suis.

La guerre nous semblait si bien l'état naturel de notre pays, que lorsque, échappés des classes, nous nous jetâmes dans l'Armée, selon le cours accoutumé de notre torrent, nous ne pûmes croire au calme durable de la paix. Il nous parut que nous ne risquions rien en faisant semblant de nous reposer, et que l'immobilité n'était pas un mal sérieux en France. Cette impression nous dura autant qu'a duré la Restauration. Chaque année apportait l'espoir d'une guerre ; et nous n'osions quitter l'épée, dans la crainte que le jour de la démission ne devînt la veille d'une campagne. Nous traînâmes et perdîmes ainsi des années précieuses, rêvant le champ de bataille dans le Champ de Mars, et épuisant dans des exercices de parade et dans des querelles particulières une puissante et inutile énergie.

Accablé d'un ennui que je n'attendais pas dans cette vie si vivement désirée, ce fut alors pour moi une nécessité que de me dérober, dans les nuits, au tumulte fatigant et vain des journées militaires : de ces nuits, où j'agrandis en silence ce que j'avais reçu de savoir de nos études tumultueuses et publiques, sortirent mes poëmes et mes livres ; de ces journées il me reste ces souvenirs dont je rassemble ici, autour d'une idée, les traits principaux. Car, ne comptant pour la gloire des armes ni sur le présent ni sur l'avenir, je la cherchais dans les souvenirs de mes compagnons. Le peu qui m'est advenu ne servira que de cadre à ces tableaux de la vie militaire et des mœurs de nos armées, dont tous les traits ne sont pas connus.

CHAPITRE II.

SUR LE CARACTÈRE GÉNÉRAL DES ARMÉES.

L'Armée est une nation dans la Nation ; c'est un vice de nos temps. Dans l'antiquité, il en était autrement : tout citoyen était guerrier, et tout guerrier était citoyen ; les hommes de l'Armée ne se faisaient point un autre visage que les hommes de la cité. La crainte des dieux et des lois, la fidélité à la patrie, l'austérité des mœurs, et, chose étrange ! l'amour de la paix et de l'ordre, se trouvaient dans les camps plus que dans les villes, parce que c'était l'élite de la Nation qui les habitait. La paix avait des travaux plus rudes que la guerre pour ces armées intelligentes. Par elles la terre de la patrie était couverte de monuments ou sillonnée de larges routes, et le ciment romain des aqueducs était pétri, ainsi que Rome elle-même, des mains qui la défendaient. Le repos des soldats était fécond autant que celui des nôtres est stérile et nuisible. Les citoyens n'avaient ni admiration pour leur valeur, ni mépris pour leur oisiveté, parce que le même sang circulait sans cesse des veines de la Nation dans les veines de l'Armée.

Dans le moyen âge et au delà, jusqu'à la fin du règne de Louis XIV, l'Armée tenait à la Nation, sinon par tous ses soldats, du moins par tous leurs chefs, parce que le soldat était l'homme du Noble, levé par lui sur sa terre, amené à sa suite à l'armée, et ne relevant que de lui ; or, son seigneur était propriétaire et vivait dans les entrailles mêmes de la mère patrie. Soumis à l'influence toute populaire du prêtre, il ne fit autre chose, durant le moyen âge, que de se dévouer corps et biens au pays, souvent en lutte contre la couronne, et sans cesse révolté contre une hiérarchie de pouvoirs qui eût amené trop d'abaissement dans l'obéissance, et par conséquent d'humiliation dans la profession des armes. Le régiment appartenait au colonel, la compagnie au capitaine, et l'un et l'autre savaient fort bien emmener leurs hommes quand leur conscience, comme citoyens, n'était pas d'accord avec les ordres qu'ils recevaient comme hommes de guerre. Cette indépendance de l'Armée dura en France jusqu'à M. de Louvois, qui, le premier, la soumit aux bureaux et la remit, pieds et poings liés, dans la main du Pouvoir souverain. Il n'y éprouva pas peu de résistance, et les derniers défenseurs de la Liberté généreuse des hommes de guerre furent ces rudes et francs gentilshommes, qui ne voulaient amener leur famille de soldats à l'Armée que pour aller en guerre. Quoiqu'ils n'eussent pas passé l'année à enseigner l'éternel maniement d'armes à des automates, je vois qu'eux et les leurs se tiraient assez bien d'affaire sur les champs de bataille de Turenne. Ils haïssaient particulièrement l'uniforme, qui donne à tous le même aspect, et soumet les esprits à l'habit et non à l'homme. Ils se plaisaient à se vêtir de rouge les jours de combat, pour être mieux vus des leurs, et mieux visés de l'ennemi; et j'aime à rappeler, sur la foi de Mirabeau, ce vieux marquis de Coëtquen, qui, plutôt que de paraître en uniforme à la revue du Roi, se fit casser par lui à la tête de son régiment : — Heureusement, sire, que les morceaux me restent, dit-il après. C'était quelque chose que de répondre ainsi à Louis XIV. Je n'ignore pas les mille défauts de l'organisation qui expirait alors ; mais je dis qu'elle avait cela de meilleur que la nôtre, de laisser plus librement luire et flamber le feu national et guerrier de la France. Cette sorte d'Armée était une armure très-forte et très-complète dont la Patrie couvrait le Pouvoir souverain, mais dont toutes les pièces pouvaient se détacher d'elles-mêmes, l'une après l'autre, si le Pouvoir s'en servait contre elle.

La destinée d'une Armée moderne est tout autre que celle-là, et la centralisation des Pouvoirs l'a faite ce qu'elle est. C'est un corps séparé du grand corps de la Nation, et qui semble le corps d'un enfant, tant il marche en arrière pour l'intelligence, et tant il lui est défendu de grandir. L'Armée moderne, sitôt qu'elle cesse d'être en guerre, devient une sorte de gendarmerie. Elle se sent honteuse d'elle-même, et ne sait ni ce qu'elle fait ni ce qu'elle est; elle se demande sans cesse si elle est esclave ou reine de l'État : ce corps cherche partout son âme et ne la trouve pas.

L'homme soldé, le Soldat, est un pauvre glorieux, victime et bourreau, bouc émissaire journellement sacrifié à son peuple et pour son peuple, qui se joue de lui ; c'est un martyr féroce et humble tout ensemble, que se rejettent le Pouvoir et la Nation toujours en désaccord.

Que de fois, lorsqu'il m'a fallu prendre une part obscure mais active dans nos troubles civils, j'ai senti ma conscience s'indigner de cette condition inférieure et cruelle ! Que de fois j'ai comparé cette existence à celle du Gladiateur ! Le peuple est le César indifférent, le Claude ricaneur auquel les soldats disent sans cesse en défilant : *Ceux qui vont mourir te saluent.*

Que quelques ouvriers, devenus plus misérables

à mesure que s'accroissent leur travail et leur industrie, viennent à s'ameuter contre leur chef d'atelier; ou qu'un fabricant ait la fantaisie d'ajouter cette année quelques cent mille francs à son revenu; ou seulement qu'une *bonne ville*, jalouse de Paris, veuille avoir aussi ses trois journées de fusillade, on crie au secours de part et d'autre. Le gouvernement, quel qu'il soit, répond avec assez de sens : *La loi ne me permet pas de juger entre vous ; tout le monde a raison ; moi, je n'ai à vous envoyer que mes gladiateurs, qui vous tueront et que vous tuerez.* En effet, ils vont, ils tuent, et sont tués. La paix revient; on s'embrasse, on se complimente, et les chasseurs de lièvres se félicitent de leur adresse dans le tir à l'officier et au soldat. Tout calcul fait, reste une simple soustraction de quelques morts ; mais les soldats n'y sont pas portés en nombre, ils ne comptent pas. On s'en inquiète peu. Il est convenu que ceux qui meurent sous l'uniforme n'ont ni père, ni mère, ni femme, ni amie à faire mourir dans les larmes. C'est un sang anonyme.

Quelquefois (chose fréquente aujourd'hui) les deux partis séparés s'unissent pour accabler de haine et de malédiction les malheureux condamnés à les vaincre.

Aussi le sentiment qui dominera ce livre sera-t-il celui qui me l'a fait commencer, le désir de détourner de la tête du Soldat cette malédiction que le citoyen est souvent prêt à lui donner, et d'appeler sur l'Armée le pardon de la Nation. Ce qu'il y a de plus beau après l'inspiration, c'est le dévouement; après le Poëte, c'est le Soldat; ce n'est pas sa faute s'il est condamné à un état d'îlote.

L'Armée est aveugle et muette. Elle frappe devant elle du lieu où on la met. Elle ne veut rien et agit par ressort. C'est une grande chose que l'on meut et qui tue; mais aussi c'est une chose qui souffre.

C'est pour cela que j'ai toujours parlé d'elle avec un attendrissement involontaire. Nous voici jetés dans ces temps sévères où les villes de France deviennent tour à tour des champs de bataille, et, depuis peu, nous avons beaucoup à pardonner aux hommes qui tuent.

En regardant de près la vie de ces troupes armées que, chaque jour, pousseront sur nous tous les Pouvoirs qui se succéderont, nous trouverons bien, il est vrai, que, comme je l'ai dit, l'existence du Soldat est (après la peine de mort) la trace la plus douloureuse de barbarie qui subsiste parmi les hommes, mais aussi que rien n'est plus digne de l'intérêt et de l'amour de la Nation que cette famille sacrifiée qui lui donne quelquefois tant de gloire.

CHAPITRE III.

DE LA SERVITUDE DU SOLDAT ET DE SON CARACTÈRE INDIVIDUEL.

Les mots de notre langage familier ont quelquefois une parfaite justesse de sens. C'est bien *servir*, en effet, qu'obéir et commander dans une Armée. Il faut gémir de cette Servitude, mais il est juste d'admirer ces esclaves. Tous acceptent leur destinée avec toutes ses conséquences, et, en France surtout, on prend avec une extrême promptitude les qualités exigées par l'état militaire. Toute cette activité que nous avons se fond tout à coup pour faire place à je ne sais quoi de morne et de consterné.

La vie est triste, monotone, régulière. Les

heures sonnées par le tambour sont aussi sourdes et aussi sombres que lui. La démarche et l'aspect sont uniformes comme l'habit. La vivacité de la jeunesse et la lenteur de l'âge mûr finissent par prendre la même allure, et c'est celle de l'*arme*. L'*arme* où l'on *sert* est le moule où l'on jette son caractère, où il se change et se refond pour prendre une forme générale imprimée pour toujours. L'Homme s'efface sous le Soldat.

La Servitude militaire est lourde et inflexible comme le masque de fer du prisonnier sans nom, et donne à tout homme de guerre une figure uniforme et froide.

Aussi, au seul aspect d'un corps d'armée, on s'aperçoit que l'ennui et le mécontentement sont les traits généraux du visage militaire. La fatigue y ajoute ses rides, le soleil ses teintes jaunes, et une vieillesse anticipée sillonne des figures de trente ans. Cependant une idée commune à tous a souvent donné à cette réunion d'hommes sérieux un grand caractère de majesté, et cette idée est l'*Abnégation*. — L'Abnégation du Guerrier est une croix plus lourde que celle du Martyr. Il faut l'avoir portée longtemps pour en savoir la grandeur et le poids.

Il faut bien que le Sacrifice soit la plus belle chose de la terre, puisqu'il a tant de beauté dans des hommes simples qui, souvent, n'ont pas la pensée de leur mérite et le secret de leur vie. C'est lui qui fait que de cette vie de gêne et d'ennuis il sort, comme par miracle, un caractère factice mais généreux, dont les traits sont grands et bons comme ceux des médailles antiques.

L'Abnégation complète de soi-même, dont je viens de parler, l'attente continuelle et indifférente de la mort, la renonciation entière à la liberté de penser et d'agir, les lenteurs imposées à une ambition bornée, et l'impossibilité d'accumuler des richesses, produisent des vertus qui sont plus rares dans les classes libres et actives.

En général, le caractère militaire est simple, bon, patient; et l'on y trouve quelque chose d'enfantin, parce que la vie des régiments tient un peu de la vie des colléges. Les traits de rudesse et de tristesse qui l'obscurcissent lui sont imprimés par l'ennui, mais surtout par une position toujours fausse vis-à-vis de la Nation, et par la comédie nécessaire de l'autorité.

L'autorité absolue qu'exerce un homme le contraint à une perpétuelle réserve. Il ne peut dérider son front devant ses inférieurs, sans leur laisser prendre une familiarité qui porte atteinte à son pouvoir. Il se retranche l'abandon et la causerie amicale, de peur qu'on ne prenne acte contre lui de quelque aveu de la vie ou de quelque faiblesse qui serait de mauvais exemple. J'ai connu des officiers qui s'enfermaient dans un silence de trappiste, et dont la bouche sérieuse ne soulevait la moustache que pour laisser passage à un commandement. Sous l'Empire, cette contenance était presque toujours celle des officiers supérieurs et des généraux. L'exemple en avait été donné par le maître, la coutume sévèrement conservée, et à propos ; car à la considération nécessaire d'éloigner la familiarité, se joignait encore le besoin qu'avait leur vieille expérience de conserver sa dignité aux yeux d'une jeunesse plus instruite qu'elle, envoyée sans cesse par les écoles militaires, et arrivant toute bardée de chiffres, avec une assurance de lauréat, que le silence seul pouvait tenir en bride.

Je n'ai jamais aimé l'espèce des jeunes officiers, même lorsque j'en faisais partie. Un secret instinct de la vérité m'avertissait qu'en toute chose la théorie n'est rien auprès de la pratique, et le grave et silencieux sourire des vieux capitaines me tenait en garde contre toute cette pauvre science qui s'apprend en quelques jours de lecture. Dans les régiments où j'ai servi, j'aimais à écouter ces vieux officiers dont le dos voûté avait encore l'attitude d'un dos de soldat, chargé d'un sac plein d'habits et d'une giberne pleine de cartouches. Ils me faisaient de vieilles histoires d'Égypte, d'Italie et de Russie, qui m'en apprenaient plus sur la guerre que l'ordonnance de 1789, les règlements de service et les interminables instructions, à commencer par celle du grand Frédéric à ses généraux. Je trouvais au contraire quelque chose de fastidieux dans la fatuité confiante, désœuvrée et ignorante des jeunes officiers de cette époque, fumeurs et joueurs éternels, attentifs seulement à la rigueur de leur tenue, savants sur la coupe de leur habit, orateurs de café et de billard. Leur conversation n'avait rien de plus caractérisé que celle de tous les jeunes gens ordinaires du grand monde; seulement les banalités y étaient un peu plus grossières. Pour tirer quelque parti de ce qui m'entourait, je ne perdais nulle occasion d'écouter; et le plus habituellement j'attendais les heures de promenades régulières, où les anciens officiers aiment à se communiquer leurs souvenirs. Ils n'étaient pas fâchés, de leur côté, d'écrire dans ma mémoire les histoires particulières de leur vie, et, trouvant en moi une patience égale à la leur, et un silence aussi sérieux, ils se montrèrent toujours prêts à s'ouvrir à moi. Nous marchions souvent le soir dans les champs, ou dans les bois qui environnaient les garnisons, ou sur le bord de la mer, et la vue générale de la nature, ou le moindre accident de terrain, leur donnait des souvenirs inépuisables : c'était une bataille navale, une retraite célèbre, une embuscade fatale, un combat d'infanterie, un siége, et partout des regrets d'un temps de dangers, du respect pour la mémoire de tel grand général, une reconnaissance naïve pour tel nom obscur qu'ils croyaient illustre ; et, au milieu de tout cela, une touchante simplicité de cœur qui remplissait le mien d'une sorte de vénération pour ce mâle caractère, forgé dans de continuelles adversités, et dans les doutes d'une position fausse et mauvaise.

J'ai le don, souvent douloureux, d'une mémoire que le temps n'altère jamais; ma vie entière, avec toutes ses journées, m'est présente comme un tableau ineffaçable. Les traits ne se confondent jamais; les couleurs ne pâlissent point. Quelques-unes sont noires, et ne perdent rien de leur énergie qui m'afflige. Quelques fleurs s'y trouvent aussi, dont les corolles sont aussi fraîches qu'au jour qui les fit épanouir, surtout lorsqu'une larme involontaire tombe sur elle de mes yeux, et leur donne un plus vif éclat.

La conversation la plus inutile de ma vie m'est toujours présente à l'instant où je l'évoque, et j'aurais trop à dire, si je voulais faire des récits qui n'ont pour eux que le mérite d'une vérité naïve; mais rempli d'une amicale pitié pour la misère des armées, je choisirai dans mes souvenirs ceux qui se présentent à moi comme un vêtement assez décent, et d'une forme digne d'envelopper une pensée choisie, et de montrer combien de situations contraires aux développements du caractère et de l'intelligence dérivent de la Servitude grossière et des mœurs arriérées des Armées permanentes.

Leur couronne est une couronne d'épines, et parmi ses pointes je ne pense pas qu'il en soit de plus douloureuse que celle de l'obéissance passive. Ce sera la première aussi dont je ferai sentir l'aiguillon. J'en parlerai d'abord, parce qu'elle me fournit le premier exemple des nécessités cruelles de l'Armée, en suivant l'ordre de mes années. Quand je remonte à mes plus lointains souvenirs, je trouve dans mon enfance militaire une anecdote qui m'est présente à la mémoire, et, telle qu'elle me fut racontée, je la redirai, sans chercher, mais sans éviter, dans aucun de mes récits, les traits minutieux de la vie ou du caractère militaire, qui, l'un et l'autre, je ne saurais trop le redire, sont en retard sur l'esprit général et la marche de la Nation, et sont, par conséquent, toujours empreints d'une certaine puérilité.

LAURETTE

ou

LE CACHET ROUGE.

CHAPITRE IV.

DE LA RENCONTRE QUE JE FIS UN JOUR
SUR LA GRANDE ROUTE.

La grande route d'Artois et de Flandre est longue et triste. Elle s'étend en ligne droite, sans arbres, sans fossés, dans des campagnes unies et pleines d'une boue jaune en tout temps. Au mois de mars 1815, je passai sur cette route, et je fis une rencontre que je n'ai point oubliée depuis.

J'étais seul, j'étais à cheval, j'avais un bon

manteau blanc, un habit rouge, un casque noir, des pistolets et un grand sabre ; il pleuvait à verse depuis quatre jours et quatre nuits de marche, et je me souviens que je chantais *Joconde* à pleine voix. J'étais si jeune ! — La maison du Roi, en 1814, avait été remplie d'enfants et de vieillards ; l'Empire semblait avoir pris et tué les hommes.

Mes camarades étaient en avant, sur la route, à la suite du roi Louis XVIII ; je voyais leurs manteaux blancs et leurs habits rouges, tout à l'horizon au nord ; les lanciers de Bonaparte, qui surveillaient et suivaient notre retraite pas à pas, montraient de temps en temps la flamme tricolore de leurs lances à l'autre horizon. Un fer perdu avait retardé mon cheval : il était jeune et fort, je le pressai pour rejoindre mon escadron ; il partit au grand trot. Je mis la main à ma ceinture, elle était assez garnie d'or ; j'entendis résonner le fourreau de fer de mon sabre sur l'étrier, et je me sentis très-fier et parfaitement heureux.

Il pleuvait toujours, et je chantais toujours. Cependant je me tus bientôt, ennuyé de n'entendre que moi, et je n'entendis plus que la pluie et les pieds de mon cheval, qui pataugeaient dans les ornières. Le pavé de la route manqua; j'enfonçais, il fallut prendre le pas. Mes grandes bottes étaient enduites, en dehors, d'une croûte épaisse de boue jaune comme de l'ocre; en dedans elles s'emplissaient de pluie. Je regardai mes épaulettes d'or toutes neuves, ma félicité et ma consolation; elles étaient hérissées par l'eau, cela m'affligea.

Mon cheval baissait la tête; je fis comme lui: je me mis à penser, et je me demandai, pour la première fois, où j'allais. Je n'en savais absolument rien; mais cela ne m'occupa pas longtemps: j'étais certain que, mon escadron étant là, là aussi était mon devoir. Comme je sentais en mon cœur un calme profond et inaltérable, j'en rendis grâce à ce sentiment ineffable du Devoir, et je cherchai à me l'expliquer. Voyant de près comment des fatigues inaccoutumées étaient gaiement portées par des têtes si blondes ou si blanches, comment un avenir assuré était si cavalièrement risqué par tant d'hommes de vie heureuse et mondaine, et prenant ma part de cette satisfaction miraculeuse que donne à tout homme la conviction qu'il ne se peut soustraire à nulle des dettes de l'Honneur, je compris que c'était une chose plus facile et plus commune qu'on ne pense, que l'*Abnégation*.

Je me demandais si l'Abnégation de soi-même n'était pas un sentiment né avec nous; ce que c'était que ce besoin d'obéir et de remettre sa volonté en d'autres mains, comme une chose lourde et importune; d'où venait le bonheur secret d'être débarrassé de ce fardeau, et comment l'orgueil humain n'en était jamais révolté. Je voyais bien ce mystérieux instinct lier, de toutes parts, les peuples en de puissants faisceaux, mais je ne voyais nulle part aussi complète et aussi redoutable que dans les Armées la renonciation à ses actions, à ses paroles, à ses désirs et presque à ses pensées. Je voyais partout la résistance possible et usitée, le citoyen ayant, en tous lieux, une obéissance clairvoyante et intelligente qui examine et peut s'arrêter. Je voyais même la tendre soumission de la femme finir où le mal commence à lui être ordonné, et la loi prendre sa défense; mais l'obéissance militaire, passive et active en même temps, recevant l'ordre et l'exécutant, frappant, les yeux fermés, comme le Destin antique! Je suivais dans ses conséquences possibles cette Abnégation du soldat, sans retour, sans conditions, et conduisant quelquefois à des fonctions sinistres.

Je pensais ainsi en marchant au gré de mon cheval, regardant l'heure à ma montre, et voyant le chemin s'allonger toujours en ligne droite, sans un arbre et sans une maison, et couper la plaine jusqu'à l'horizon, comme une grande raie jaune sur une toile grise. Quelquefois la raie liquide se délayait dans la terre liquide qui l'entourait, et quand un jour un peu moins pâle faisait briller cette triste étendue de pays, je me voyais au milieu d'une mer bourbeuse, suivant un courant de vase et de plâtre.

En examinant avec attention cette raie jaune de la route, j'y remarquai, à un quart de lieue environ, un petit point noir qui marchait. Cela me fit plaisir, c'était quelqu'un. Je n'en détournai plus les yeux. Je vis que ce point noir allait comme moi dans la direction de Lille, et qu'il allait en zigzag, ce qui annonçait une marche pénible. Je hâtai le pas et je gagnai du terrain sur cet objet, qui s'allongea un peu et grossit à ma vue. Je repris le trot sur un sol plus ferme et je crus reconnaître une sorte de petite voiture noire. J'avais faim, j'espérai que c'était la voiture d'une cantinière, et considérant mon pauvre cheval comme une chaloupe, je lui fis faire force de rames pour arriver à cette île fortunée, dans cette mer où il s'enfonçait jusqu'au ventre quelquefois.

A une centaine de pas, je vins à distinguer clairement une petite charrette de bois blanc, couverte de trois cercles et d'une toile cirée noire. Cela ressemblait à un petit berceau posé sur deux roues. Les roues s'embourbaient jusqu'à l'essieu ; un petit mulet qui les tirait était péniblement conduit par un homme à pied qui tenait la bride. Je m'approchai de lui et le considérai attentivement.

C'était un homme d'environ cinquante ans, à moustaches blanches, fort et grand, le dos voûté à la manière des vieux officiers d'infanterie qui ont porté le sac. Il en avait l'uniforme, et l'on entrevoyait une épaulette de chef de bataillon sous un petit manteau bleu court et usé. Il avait un visage endurci mais bon, comme à l'armée il y en a tant. Il me regarda de côté sous ses gros sourcils noirs, et tira lestement de sa charrette un fusil qu'il arma, en passant de l'autre côté de son mulet, dont il se faisait un rempart. Ayant vu sa cocarde blanche, je me contentai de montrer la manche de mon habit rouge, et il remit son fusil dans la charrette, en disant :

— Ah! c'est différent, je vous prenais pour un de ces lapins qui courent après nous. Voulez-vous boire la goutte?

— Volontiers, dis-je en m'approchant, il y a vingt-quatre heures que je n'ai bu.

Il avait à son cou une noix de coco, très-bien sculptée, arrangée en flacon, avec un goulot d'argent, et dont il semblait tirer assez de vanité. Il me la passa, et j'y bus un peu de mauvais vin blanc avec beaucoup de plaisir; je lui rendis le coco.

— A la santé du roi ! dit-il en buvant ; il m'a fait officier de la Légion d'honneur, il est juste que je le suive jusqu'à la frontière. Par exemple, comme je n'ai que mon épaulette pour vivre, je reprendrai mon bataillon après, c'est mon devoir.

En parlant ainsi comme à lui-même, il remit en marche son petit mulet, en disant que nous n'avions pas de temps à perdre ; et comme j'étais de son avis, je me remis en chemin à deux pas de lui. Je le regardais toujours sans questionner, n'ayant jamais aimé la bavarde indiscrétion assez fréquente parmi nous.

Nous allâmes sans rien dire durant un quart de lieue environ. Comme il s'arrêtait alors pour faire reposer son pauvre petit mulet, qui me faisait peine à voir, je m'arrêtai aussi et je tâchai d'exprimer l'eau qui remplissait mes bottes à l'écuyère, comme deux réservoirs où j'aurais eu les jambes trempées.

— Vos bottes commencent à vous tenir aux pieds, dit-il.

— Il y a quatre nuits que je ne les ai quittées, lui dis-je.

— Bah! dans huit jours vous n'y penserez plus, reprit-il avec sa voix enrouée ; c'est quelque chose que d'être seul, allez, dans des temps comme ceux où nous vivons. Savez-vous ce que j'ai là dedans?

— Non, lui dis-je.

— C'est une femme.

Je dis : — Ah! — sans trop d'étonnement, et je me remis en marche tranquillement, au pas. Il me suivit.

— Cette mauvaise brouette-là ne m'a pas coûté bien cher, reprit-il, ni le mulet non plus ; mais c'est tout ce qu'il me faut, quoique ce chemin-là soit un *ruban de queue* un peu long.

Je lui offris de monter mon cheval quand il serait fatigué ; et comme je ne lui parlais que gravement et avec simplicité de son équipage, dont il craignait le ridicule, il se mit à son aise tout à coup, et s'approchant de mon étrier, me frappa sur le genou en me disant : — Eh bien, vous êtes un bon enfant, quoique dans les Rouges.

Je sentis dans son accent amer, en désignant ainsi les quatre Compagnies-Rouges, combien de préventions haineuses avaient données à l'armée le luxe et les grades de ces corps d'officiers.

— Cependant, ajouta-t-il, je n'accepterai pas votre offre, vu que je ne sais pas monter à cheval et que ce n'est pas mon affaire, à moi.

— Mais, Commandant, les officiers supérieurs comme vous y sont obligés.

— Bah! une fois par an, à l'inspection, et encore sur un cheval de louage. Moi j'ai toujours été marin, et depuis fantassin ; je ne connais pas l'équitation.

Il fit vingt pas en me regardant de côté de temps à autre, comme s'attendant à une question ; et comme il ne venait pas un mot, il poursuivit :

— Vous n'êtes pas curieux, par exemple! cela devrait vous étonner, ce que je dis là.

— Je m'étonne bien peu, dis-je.

— Oh! cependant si je vous contais comment j'ai quitté la mer, nous verrions.

— Eh bien, repris-je, pourquoi n'essayez-vous

pas? cela vous réchauffera, et cela me fera oublier que la pluie m'entre dans le dos et ne s'arrête qu'à mes talons.

Le bon Chef de bataillon s'apprêta solennellement à parler, avec un plaisir d'enfant. Il rajusta sur sa tête le schako couvert de toile cirée, et il donna ce coup d'épaule que personne ne peut se représenter s'il n'a servi dans l'infanterie, ce coup d'épaule que donne le fantassin à son sac pour le hausser et alléger un moment son poids ; c'est une habitude du soldat qui, lorsqu'il devient officier, devient un tic. Après ce geste convulsif, il but encore un peu de vin dans son coco, donna un coup de pied d'encouragement dans le ventre du petit mulet, et commença.

CHAPITRE V.

HISTOIRE DU CACHET ROUGE.

— Vous saurez d'abord, mon enfant, que je suis né à Brest; j'ai commencé par être enfant de troupe, gagnant ma demi-ration et mon demi-prêt dès l'âge de neuf ans, mon père étant soldat aux gardes. Mais comme j'aimais la mer, une belle nuit, pendant que j'étais en congé à Brest, je me cachai à fond de cale d'un bâtiment marchand qui partait pour les Indes; on ne m'aperçut qu'en pleine mer, et le capitaine aima mieux me faire mousse que de me jeter à l'eau. Quand vint la Révolution, j'avais fait du chemin, et j'étais à mon tour devenu capitaine d'un petit bâtiment marchand assez propre, ayant écumé la mer quinze ans. Comme l'ex-marine royale, vieille bonne marine, ma foi! se trouva tout à coup dépeuplée d'officiers, on prit des capitaines dans la marine marchande. J'avais eu quelques affaires de flibustiers que je pourrai vous dire plus tard : on me donna le commandement d'un brick de guerre nommé *le Marat*.

Le 28 fructidor 1797, je reçus ordre d'appareiller pour Cayenne. Je devais y conduire soixante soldats et un *déporté* qui restait des cent quatre-vingt-treize que la frégate *la Décade* avait pris à bord quelques jours auparavant. J'avais ordre de traiter cet individu avec ménagement, et la première lettre du Directoire en renfermait une seconde, scellée de trois cachets rouges, au milieu desquels il y en avait un démesuré. J'avais défense d'ouvrir cette lettre avant le premier degré de latitude nord, du vingt-sept au vingt-huitième de longitude, c'est-à-dire près de passer la ligne.

Cette grande lettre avait une figure toute particulière. Elle était longue, et fermée de si près que je ne pus rien lire entre les angles ni à travers l'enveloppe. Je ne suis pas superstitieux, mais elle me fit peur, cette lettre. Je la mis dans ma chambre, sous le verre d'une mauvaise petite pendule anglaise clouée au-dessus de mon lit. Ce lit-là était un vrai lit de marin, comme vous savez qu'ils sont. Mais je ne sais, moi, ce que je dis : vous avez tout au plus seize ans, vous ne pouvez pas avoir vu ça.

La chambre d'une reine ne peut pas être aussi proprement rangée que celle d'un marin, soit dit sans vouloir nous vanter. Chaque chose a sa petite place et son petit clou. Rien ne remue. Le bâtiment peut rouler tant qu'il veut sans rien déranger. Les meubles sont faits selon la forme du vaisseau et de la petite chambre qu'on a. Mon lit était un coffre. Quand on l'ouvrait, j'y couchais; quand on le fermait, c'était mon sofa et j'y fumais ma pipe. Quelquefois c'était ma table, alors on s'asseyait sur deux petits tonneaux qui étaient dans la chambre. Mon parquet était ciré et frotté comme de l'acajou, et brillant comme un bijou : un vrai miroir! Oh! c'était une jolie petite chambre! Et mon brick avait bien son prix aussi. On s'y amusait souvent d'une fière façon, et le voyage com-

mença cette fois assez agréablement, si ce n'était...
Mais n'anticipons pas.

Nous avions un joli vent nord-nord-ouest, et j'étais occupé à mettre cette lettre sous le verre de ma pendule, quand mon *déporté* entra dans ma chambre; il tenait par la main une belle petite de dix-sept ans environ. Lui me dit qu'il en avait dix-neuf; beau garçon, quoiqu'un peu pâle, et trop blanc pour un homme. C'était un homme cependant, et un homme qui se comporta dans l'occasion mieux que bien des anciens n'auraient fait: vous allez le voir. Il tenait sa petite femme sous le bras; elle était fraîche et gaie comme une enfant. Ils avaient l'air de deux tourtereaux. Ça me faisait plaisir à voir, moi. Je leur dis:

— Eh bien, mes enfants! vous venez faire visite au vieux capitaine; c'est gentil à vous. Je vous emmène un peu loin; mais tant mieux, nous aurons le temps de nous connaître. Je suis fâché de recevoir madame sans mon habit; mais c'est que je cloue là-haut cette grande coquine de lettre. Si vous vouliez m'aider un peu?

Ça faisait vraiment de bons petits enfants. Le petit mari prit le marteau, et la petite femme les clous, et ils me les passaient à mesure que je les demandais ; et elle me disait : *A droite ! à gauche ! capitaine !* tout en riant, parce que le tangage faisait ballotter ma pendule. Je l'entends encore d'ici avec sa petite voix : *A gauche ! à droite ! capitaine !* Elle se moquait de moi. — Ah ! je dis, petite méchante ! je vous ferai gronder par votre mari, allez. — Alors elle lui sauta au cou et l'embrassa. Ils étaient vraiment gentils, et la connaissance se fit comme ça. Nous fûmes tout de suite bons amis.

Ce fut aussi une jolie traversée. J'eus toujours un temps fait exprès. Comme je n'avais jamais eu que des visages noirs à mon bord, je faisais venir à ma table, tous les jours, mes deux petits amoureux. Cela m'égayait. Quand nous avions mangé le biscuit et le poisson, la petite femme et son mari restaient à se regarder comme s'ils ne s'étaient jamais vus. Alors je me mettais à rire de tout mon cœur et me moquais d'eux. Ils riaient aussi avec moi. Vous auriez ri de nous voir comme trois imbéciles, ne sachant pas ce que nous avions. C'est que c'était vraiment plaisant de les voir s'aimer comme ça! Ils se trouvaient bien partout; ils trouvaient bon tout ce qu'on leur donnait. Cependant ils étaient à la ration comme nous tous; j'y ajoutais seulement un peu d'eau-de-vie suédoise quand ils dînaient avec moi, mais un petit verre, pour tenir mon rang. Ils couchaient dans un hamac, où le vaisseau les roulait comme ces deux poires que j'ai là dans mon mouchoir mouillé. Ils étaient alertes et contents. Je faisais comme vous, je ne questionnais pas. Qu'avais-je besoin de savoir leur nom et leurs affaires, moi, passeur d'eau? Je les portais de l'autre côté de la mer, comme j'aurais porté deux oiseaux de paradis.

J'avais fini, après un mois, par les regarder comme mes enfants. Tout le jour, quand je les appelais, ils venaient s'asseoir auprès de moi. Le jeune homme écrivait sur ma table, c'est-à-dire sur mon lit; et, quand je voulais, il m'aidait à faire mon *point*: il le sut bientôt faire aussi bien que moi; j'en étais quelquefois tout interdit. La jeune femme s'asseyait sur un petit baril et se mettait à coudre.

Un jour qu'ils étaient posés comme cela, je leur dis :

— Savez-vous, mes petits amis, que nous faisons un tableau de famille comme nous voilà? Je ne veux pas vous interroger, mais probablement vous n'avez pas plus d'argent qu'il ne vous en faut, et vous êtes joliment délicats tous deux pour bêcher et piocher comme font les déportés à Cayenne. C'est un vilain pays, de tout mon cœur, je vous le dis ; mais moi, qui suis une vieille peau de loup desséchée au soleil, j'y vivrais comme un seigneur. Si vous aviez, comme il me semble (sans vouloir vous interroger), tant soit peu d'amitié pour moi, je quitterais assez volontiers mon vieux brick, qui n'est qu'un sabot à présent, et je m'établirais là avec vous, si cela vous convient. Moi, je n'ai pas plus de famille qu'un chien, cela m'ennuie ; vous me feriez une petite société. Je vous aiderais à bien des choses ; et j'ai amassé une bonne pacotille de contrebande assez honnête, dont nous vivrions, et que je vous laisserais lorsque je viendrais à tourner l'œil, comme on dit poliment.

Ils restèrent tout ébahis à se regarder, ayant l'air de croire que je ne disais pas vrai; et la petite courut, comme elle faisait toujours, se jeter au cou de l'autre, et s'asseoir sur ses genoux, toute rouge et en pleurant. Il la serra bien fort dans ses bras, et je vis aussi des larmes dans ses yeux; il me tendit la main et devint plus pâle qu'à l'ordinaire. Elle lui parlait bas, et ses grands cheveux blonds s'en allèrent sur son épaule; son chignon s'était défait comme un câble qui se déroule tout à coup, parce qu'elle était vive comme un poisson : ces cheveux-là, si vous les aviez vus! c'était comme de l'or. Comme ils continuaient à se parler bas, le jeune homme lui baisant le front de temps en temps, et elle pleurant, cela m'impatienta.

— Eh bien, ça vous va-t-il? leur dis-je à la fin.

— Mais... mais, capitaine, vous êtes bien bon, dit le mari; mais c'est que... vous ne pouvez pas vivre avec des *déportés,* et... Il baissa les yeux.

— Moi, dis-je, je ne sais ce que vous avez fait

pour être déporté, mais vous me direz ça un jour, ou pas du tout, si vous voulez. Vous ne m'avez pas l'air d'avoir la conscience bien lourde, et je suis bien sûr que j'en ai fait bien d'autres que vous dans ma vie, allez, pauvres innocents. Par exemple, tant que vous serez sous ma garde, je ne vous lâcherai pas, il ne faut pas vous y attendre ; je vous couperais plutôt le cou comme à deux pigeons. Mais une fois l'épaulette de côté, je ne connais plus ni amiral ni rien du tout.

— C'est que, reprit-il en secouant tristement sa tête brune, quoique un peu poudrée, comme cela se faisait encore à l'époque, c'est que je crois qu'il serait dangereux pour vous, capitaine, d'avoir l'air de nous connaître. Nous rions parce que nous sommes jeunes; nous avons l'air heureux, parce que nous nous aimons; mais j'ai de vilains moments quand je pense à l'avenir, et je ne sais pas ce que deviendra ma pauvre Laure.

Il serra de nouveau la tête de la jeune femme sur sa poitrine :

— C'était bien là ce que je devais dire au capitaine ; n'est-ce pas, mon enfant, que vous auriez dit la même chose?

Je pris ma pipe et je me levai, parce que je commençais à me sentir les yeux un peu mouillés, et que ça ne me va pas, à moi.

— Allons! allons! dis-je, ça s'éclaircira par la suite. Si le tabac incommode madame, son absence est nécessaire.

Elle se leva, le visage tout en feu et tout humide de larmes, comme un enfant qu'on a grondé.

— D'ailleurs, me dit-elle en regardant ma pendule, vous n'y pensez pas, vous autres; et la lettre!

Je sentis quelque chose qui me fit de l'effet. J'eus comme une douleur aux cheveux quand elle me dit cela.

— Pardieu! je n'y pensais plus, moi, dis-je. Ah! par exemple, voilà une belle affaire! Si nous avions passé le premier degré de latitude nord, il ne me resterait plus qu'à me jeter à l'eau. — Faut-il que j'aie du bonheur, pour que cette enfant-là m'ait rappelé la grande coquine de lettre!

Je regardai vite ma carte marine, et quand je vis que nous en avions encore pour une semaine au moins, j'eus la tête soulagée, mais pas le cœur, sans savoir pourquoi.

— C'est que le Directoire ne badine pas pour l'article obéissance! dis-je. Allons, je suis au courant cette fois-ci encore. Le temps a filé si vite que j'avais tout à fait oublié cela.

Eh bien, monsieur, nous restâmes tous trois le nez en l'air à regarder cette lettre, comme si elle allait nous parler. Ce qui me frappa beaucoup, c'est que le soleil, qui glissait par la claire-voie, éclairait le verre de la pendule et faisait paraître le grand cachet rouge, et les autres petits, comme les traits d'un visage au milieu du feu.

— Ne dirait-on pas que les yeux lui sortent de la tête? leur dis-je pour les amuser.

— Oh! mon ami, dit la jeune femme, cela ressemble à des taches de sang.

— Bah! bah! dit son mari en la prenant sous le bras, vous vous trompez, Laure; cela ressemble au billet de *faire part* d'un mariage. Venez vous reposer, venez ; pourquoi cette lettre vous occupe-t-elle ?

Ils se sauvèrent comme si un revenant les avait suivis, et montèrent sur le pont. Je restai seul avec cette grande lettre, et je me souviens qu'en fumant ma pipe je la regardais toujours, comme si ses yeux rouges avaient attaché les miens, en les humant comme font des yeux de serpent. Sa grande figure pâle, son troisième cachet, plus grand que les yeux, tout ouvert, tout béant comme une gueule de loup... cela me mit de mauvaise humeur ; je pris mon habit et je l'accrochai à la pendule, pour ne plus voir ni l'heure ni la chienne de lettre.

J'allai achever ma pipe sur le pont. J'y restai jusqu'à la nuit.

Nous étions alors à la hauteur des îles du cap Vert. *Le Marat* filait, vent en poupe, ses dix nœuds sans se gêner. La nuit était la plus belle que j'aie vue de ma vie près du tropique. La lune se levait à l'horizon, large comme un soleil ; la mer la coupait en deux, et devenait toute blanche comme une nappe de neige couverte de petits diamants. Je regardais cela en fumant, assis sur mon banc. L'officier de quart et les matelots ne disaient rien et regardaient comme moi l'ombre du brick sur l'eau. J'étais content de ne rien entendre. J'aime le silence et l'ordre, moi. J'avais défendu tous les bruits et tous les feux. J'entrevis cependant une petite ligne rouge presque sous mes pieds. Je me serais bien mis en colère tout de suite ; mais comme c'était chez mes petits *déportés,* je voulus m'assurer de ce qu'on faisait avant de me fâcher. Je n'eus que la peine de me baisser, je pus voir, par le grand panneau, dans la petite chambre, et je regardai.

La jeune femme était à genoux et faisait ses prières. Il y avait une petite lampe qui l'éclairait. Elle était en chemise ; je voyais d'en haut ses épaules nues, ses petits pieds nus, et ses grands cheveux blonds tout épars. Je pensai à me retirer, mais je me dis : — Bah ! un vieux soldat, qu'est-ce que ça fait ? Et je restai à voir.

Son mari était assis sur une petite malle, la tête sur ses mains, et la regardait prier. Elle leva la tête en haut comme au ciel, et je vis ses grands yeux bleus mouillés comme ceux d'une Madeleine. Pendant qu'elle priait, il prenait le bout de ses longs cheveux et les baisait sans faire de bruit. Quand elle eut fini, elle fit un signe de croix en souriant avec l'air d'aller au paradis. Je vis qu'il faisait comme elle un signe de croix, mais comme s'il en avait honte. Au fait, pour un homme c'est singulier.

Elle se leva debout, l'embrassa, et s'étendit la première dans son hamac, où il la jeta sans rien dire, comme on couche un enfant dans une balançoire. Il faisait une chaleur étouffante : elle se sentait bercée avec plaisir par le mouvement du navire et paraissait déjà commencer à s'endormir. Ses petits pieds blancs étaient croisés et élevés au niveau de sa tête, et tout son corps enveloppé de sa longue chemise blanche. C'était un amour, quoi!

— Mon ami, dit-elle en dormant à moitié, n'avez-vous pas sommeil? Il est bien tard, sais-tu?

Il restait toujours le front sur ses mains sans répondre. Cela l'inquiéta un peu, la bonne petite, et elle passa sa jolie tête hors du hamac, comme un oiseau hors de son nid, et le regarda la bouche entr'ouverte, n'osant plus parler.

Enfin il lui dit :

— Eh, ma chère Laure ! à mesure que nous avançons vers l'Amérique, je ne puis m'empêcher de devenir plus triste. Je ne sais pourquoi, il me paraît que le temps le plus heureux de notre vie aura été celui de la traversée.

— Cela me semble aussi, dit-elle ; je voudrais n'arriver jamais.

Il la regarda en joignant les mains avec un transport que vous ne pouvez pas vous figurer.

— Et cependant, mon ange, vous pleurez toujours en priant Dieu, dit-il ; cela m'afflige beaucoup, parce que je sais bien ceux à qui vous pensez, et je crois que vous avez regret de ce que vous avez fait.

— Moi, du regret ! dit-elle avec un air bien peiné ; moi, du regret de t'avoir suivi, mon ami !

Crois-tu que, pour t'avoir appartenu si peu, je t'aie moins aimé? N'est-on pas une femme, ne sait-on pas ses devoirs à dix-sept ans? Ma mère et mes sœurs n'ont-elles pas dit que c'était mon devoir de vous suivre à la Guyane? N'ont-elles pas dit que je ne faisais là rien de surprenant? Je m'étonne seulement que vous en ayez été touché, mon ami; tout cela est naturel. Et à présent je ne sais comment vous pouvez croire que je regrette rien, quand je suis avec vous pour vous aider à vivre, ou pour mourir avec vous si vous mourez.

Elle disait tout ça d'une voix si douce qu'on aurait cru que c'était une musique. J'en étais tout ému et je dis :

— Bonne petite femme, va!

Le jeune homme se mit à soupirer en frappant du pied et en baisant une jolie main et un bras nu qu'elle lui tendait.

— Oh! Laurette, ma Laurette! disait-il, quand je pense que si nous avions retardé de quatre jours notre mariage, on m'arrêtait seul et je partais tout seul, je ne puis me pardonner.

Alors la belle petite pencha hors du hamac ses deux beaux bras blancs, nus jusqu'aux épaules, et lui caressa le front, les cheveux et les yeux, en lui prenant la tête comme pour l'emporter et le cacher dans sa poitrine. Elle sourit comme un enfant, et lui dit une quantité de petites choses de femme, comme moi je n'avais jamais rien entendu de pareil. Elle lui fermait la bouche avec ses doigts pour parler toute seule. Elle disait, en jouant et en prenant ses longs cheveux comme un mouchoir pour lui essuyer les yeux :

— Est-ce que ce n'est pas bien mieux d'avoir avec toi une femme qui t'aime, dis, mon ami ? Je suis bien contente, moi, d'aller à Cayenne; je verrai des sauvages, des cocotiers comme ceux de Paul et Virginie, n'est-ce pas ? Nous planterons chacun le nôtre. Nous verrons qui sera le meilleur jardinier. Nous nous ferons une petite case pour nous deux. Je travaillerai toute la journée et toute la nuit, si tu veux. Je suis forte; tiens, regarde mes bras ; — tiens, je pourrais presque te soulever. Ne te moque pas de moi; je sais très-bien broder d'ailleurs ; et n'y a-t-il pas une ville quelque part par là où il faille des brodeuses ? Je donnerai des leçons de dessin et de musique si l'on veut aussi ; et si l'on y sait lire, tu écriras, toi.

Je me souviens que le pauvre garçon fut si désespéré qu'il jeta un grand cri lorsqu'elle dit cela.

— Écrire ! — criait-il, — écrire !

Et il se prit la main droite avec la gauche en la serrant au poignet.

— Ah ! écrire ? pourquoi ai-je jamais su écrire ! Écrire ! mais c'est le métier d'un fou !... — J'ai cru à leur liberté de la presse ! — Où avais-je l'esprit ? Eh ! pourquoi faire ? pour imprimer cinq ou six pauvres idées assez médiocres, lues seulement par ceux qui les aiment, jetées au feu par ceux qui les haïssent, ne servant à rien qu'à nous faire persécuter ! Moi, encore passe ; mais toi, bel ange, devenue femme depuis quatre jours à peine ! qu'avais-tu fait ? Explique-moi, je te prie, comment je t'ai permis d'être bonne à ce point de me suivre ici ? Sais-tu seulement où tu es, pauvre petite ? Et où tu vas, le sais-tu ? Bientôt, mon enfant, vous serez à seize cents lieues de votre mère et de vos sœurs... et pour moi! tout cela pour moi!

Elle cacha sa tête un moment dans le hamac; et moi d'en haut je vis qu'elle pleurait; mais lui d'en bas ne voyait pas son visage; et quand elle le sortit de la toile, c'était en souriant pour lui donner de la gaieté.

— Au fait, nous ne sommes pas riches à présent, dit-elle en riant aux éclats; tiens, regarde ma bourse, je n'ai plus qu'un louis tout seul. Et toi?

Il se mit à rire aussi comme un enfant :

— Ma foi, moi, j'avais encore un écu, mais je l'ai donné au petit garçon qui a porté ta malle.

— Ah, bah! qu'est-ce que ça fait? dit-elle en faisant claquer ses petits doigts blancs comme des castagnettes; on n'est jamais plus gai que lorsqu'on n'a rien; et n'ai-je pas en réserve les deux bagues de diamants que ma mère m'a données? cela est bon partout et pour tout, n'est-ce pas? Quand tu voudras nous les vendrons. D'ailleurs, je crois que le bonhomme de capitaine ne dit pas toutes ses bonnes intentions pour nous, et qu'il sait bien ce qu'il y a dans la lettre. C'est sûrement une recommandation pour nous au gouverneur de Cayenne.

— Peut-être, dit-il ; qui sait?

— N'est-ce pas? reprit sa petite femme ; tu es si bon que je suis sûre que le gouvernement t'a exilé pour un peu de temps, mais ne t'en veut pas.

Elle avait dit ça si bien! m'appelant le bonhomme de capitaine, que j'en fus tout remué et tout attendri ; et je me réjouis même, dans le cœur, de ce qu'elle avait peut-être deviné juste sur la lettre cachetée. Ils commençaient encore à s'embrasser ; je frappai du pied vivement sur le pont pour les faire finir.

Je leur criai :

— Eh! dites donc, mes petits amis! on a l'ordre d'éteindre tous les feux du bâtiment. Soufflez-moi votre lampe, s'il vous plaît.

Ils soufflèrent la lampe, et je les entendis rire en jasant tout bas dans l'ombre comme des écoliers. Je me remis à me promener seul sur mon tillac en fumant ma pipe. Toutes les étoiles du tropique étaient à leur poste, larges comme de petites lunes. Je les regardai en respirant un air qui sentait frais et bon.

Je me disais que certainement ces bons petits avaient deviné la vérité, et j'en étais tout ragaillardi. Il y avait bien à parier qu'un des cinq Directeurs s'était ravisé et me les recommandait; je ne m'expliquais pas bien pourquoi, parce qu'il y a des affaires d'État que je n'ai jamais comprises, moi; mais enfin je croyais cela, et, sans savoir pourquoi, j'étais content.

Je descendis dans ma chambre, et j'allai regarder la lettre sous mon vieil uniforme. Elle avait une autre figure; il me sembla qu'elle riait, et ses cachets paraissaient couleur de rose. Je ne doutai plus de sa bonté, et je lui fis un petit signe d'amitié.

Malgré cela, je remis mon habit dessus; elle m'ennuyait.

Nous ne pensâmes plus du tout à la regarder pendant quelques jours, et nous étions gais; mais quand nous approchâmes du premier degré de latitude, nous commençâmes à ne plus parler.

Un beau matin je m'éveillai assez étonné de ne sentir aucun mouvement dans le bâtiment. A vrai dire, je ne dors jamais que d'un œil, comme on dit, et le roulis me manquant, j'ouvris les deux yeux. Nous étions tombés dans un calme plat, et c'était sous le 1° de latitude nord, au 27° de longitude. Je mis le nez sur le pont : la mer était lisse comme une jatte d'huile ; toutes les voiles ouvertes tombaient collées aux mâts comme des ballons vides. Je dis tout de suite : — J'aurai le temps de te lire, va ! en regardant de travers du côté de la lettre. — J'attendis jusqu'au soir, au coucher du soleil. Cependant il fallait bien en venir là : j'ouvris la pendule, et j'en tirai vivement l'ordre cacheté. — Eh bien, mon cher, je le tenais à la main depuis un quart d'heure que je ne pouvais pas encore le lire. Enfin je me dis : — C'est par trop fort ! et je brisai les trois cachets d'un coup de pouce ; et le grand cachet rouge, je le broyai en poussière.

Après avoir lu, je me frottai les yeux, croyant m'être trompé.

Je relus la lettre tout entière ; je la relus encore ; je recommençai en la prenant par la dernière ligne, et remontant à la première. Je n'y croyais pas. Mes jambes flageollaient un peu sous moi, je m'assis ; j'avais un certain tremblement sur la peau du visage ; je me frottai un peu les joues avec du rhum, je m'en mis dans le creux des mains, je me faisais pitié à moi-même d'être si bête que cela ; mais ce fut l'affaire d'un moment ; je montai prendre l'air.

Laurette était ce jour-là si jolie, que je ne voulus pas m'approcher d'elle : elle avait une petite robe blanche toute simple, les bras nus jusqu'au col, et ses grands cheveux tombants comme elle les portait toujours. Elle s'amusait à tremper dans la mer son autre robe au bout d'une corde, et riait en cherchant à arrêter les goëmons, plantes marines semblables à des grappes de raisin, et qui flottent sur les eaux des Tropiques.

— Viens donc voir les raisins ! viens donc vite !

criait-elle; et son ami s'appuyait sur elle, et se penchait, et ne regardait pas l'eau, parce qu'il la regardait d'un air tout attendri.

Je fis signe à ce jeune homme de venir me parler sur le gaillard d'arrière. Elle se retourna. Je ne sais quelle figure j'avais, mais elle laissa tomber sa corde; elle le prit violemment par le bras, et lui dit :

— Oh! n'y va pas, il est tout pâle.

Cela se pouvait bien; il y avait de quoi pâlir. Il vint cependant près de moi sur le gaillard; elle nous regardait, appuyée contre le grand mât. Nous nous promenâmes longtemps de long en large sans rien dire. Je fumais un cigare que je trouvais amer, et je le crachai dans l'eau. Il me suivait de l'œil; je lui pris le bras; j'étouffais, ma foi, ma parole d'honneur! j'étouffais.

— Ah çà! lui dis-je enfin, contez-moi donc, mon petit ami, contez-moi un peu votre histoire. Que diable avez-vous donc fait à ces chiens d'avocats qui sont là comme cinq morceaux de roi? Il paraît qu'ils vous en veulent fièrement! C'est drôle!

Il haussa les épaules en penchant la tête (avec un air si doux, le pauvre garçon!), et me dit :

— O mon Dieu! Capitaine, pas grand'chose, allez : trois couplets de vaudeville sur le Directoire, voilà tout.

— Pas possible! dis-je.

— O mon Dieu, si! Les couplets n'étaient même pas trop bons. J'ai été arrêté le 15 fructidor et conduit à la Force; jugé le 16, et condamné à mort d'abord, et puis à la déportation par bienveillance.

— C'est drôle! dis-je. Les Directeurs sont des camarades bien susceptibles; car cette lettre que vous savez me donne ordre de vous fusiller.

Il ne répondit pas, et sourit en faisant une assez bonne contenance pour un jeune homme de dix-neuf ans. Il regarda seulement sa femme, et s'essuya le front, d'où tombaient des gouttes de sueur. J'en avais autant au moins sur la figure, moi, et d'autres gouttes aux yeux.

Je repris :

— Il paraît que ces citoyens-là n'ont pas voulu

faire votre affaire sur terre, ils ont pensé qu'ici ça ne paraîtrait pas tant. Mais pour moi c'est fort triste; car vous avez beau être un bon enfant, je ne peux pas m'en dispenser; l'arrêt de mort est là en règle, et l'ordre d'exécution signé, paraphé, scellé; il n'y manque rien.

Il me salua très-poliment en rougissant.

— Je ne demande rien, capitaine, dit-il avec une voix aussi douce que de coutume; je serais désolé de vous faire manquer à vos devoirs. Je voudrais seulement parler un peu à Laure, et vous prier de la protéger dans le cas où elle me survivrait, ce que je ne crois pas.

— Oh! pour cela, c'est juste, lui dis-je, mon garçon; si cela ne vous déplaît pas, je la conduirai à sa famille à mon retour en France, et je ne la quitterai que quand elle ne voudra plus me voir. Mais, à mon sens, vous pouvez vous flatter qu'elle ne reviendra pas de ce coup-là; pauvre petite femme!

Il me prit les deux mains, les serra et me dit :

— Mon brave Capitaine, vous souffrez plus que moi de ce qui vous reste à faire, je le sens bien ; mais qu'y pouvez-vous ? Je compte sur vous pour lui conserver le peu qui m'appartient, pour la protéger, pour veiller à ce qu'elle reçoive ce que sa vieille mère pourrait lui laisser, n'est-ce pas ? pour garantir sa vie, son honneur, n'est-ce pas ? et aussi pour qu'on ménage toujours sa santé. — Tenez, ajouta-t-il plus bas, j'ai à vous dire qu'elle est très-délicate ; elle a souvent la poitrine affectée jusqu'à s'évanouir plusieurs fois par jour ; il faut qu'elle se couvre bien toujours. Enfin vous remplacerez son père, sa mère et moi autant que possible, n'est-il pas vrai ? Si elle pouvait conserver les bagues que sa mère lui a données, cela me ferait bien plaisir. Mais si on a besoin de les vendre pour elle, il le faudra bien. Ma pauvre Laurette ! voyez comme elle est belle !

Comme ça commençait à devenir par trop tendre, cela m'ennuya, et je me mis à froncer le sourcil ; je lui avais parlé d'un air gai pour ne pas m'affaiblir ; mais je n'y tenais plus : — Enfin, suffit, lui dis-je, entre braves gens on s'entend de reste. Allez lui parler, et dépêchons-nous.

Je lui serrai la main en ami, et comme il ne quittait pas la mienne et me regardait avec un air singulier : —Ah çà ! si j'ai un conseil à vous donner, ajoutai-je, c'est de ne pas lui parler de ça. Nous arrangerons la chose sans qu'elle s'y attende, ni vous non plus, soyez tranquille ; ça me regarde.

— Ah ! c'est différent, dit-il, je ne savais pas... cela vaut mieux en effet. D'ailleurs, les adieux ! les adieux, cela affaiblit.

— Oui, oui, lui dis-je, ne soyez pas enfant, ça vaut mieux. Ne l'embrassez pas, mon ami, ne l'embrassez pas, si vous pouvez, ou vous êtes perdu.

Je lui donnai encore une bonne poignée de main, et je le laissai aller. Oh ! c'était dur pour moi, tout cela.

Il me parut qu'il gardait, ma foi, bien le secret ; car ils se promenèrent, bras dessus, bras dessous, pendant un quart d'heure, et ils revinrent, au bord de l'eau, reprendre la corde et la robe qu'un de mes mousses avait repêchées.

La nuit vint tout à coup. C'était le moment que j'avais résolu de prendre. Mais ce moment a duré pour moi jusqu'au jour où nous sommes, et je le traînerai toute ma vie comme un boulet.

———

Ici le vieux Commandant fut forcé de s'arrêter. Je me gardai de parler, de peur de détourner ses idées ; il reprit en se frappant la poitrine :

———

— Ce moment-là, je vous le dis, je ne peux pas encore le comprendre. Je sentis la colère me prendre aux cheveux, et en même temps je ne sais quoi me faisait obéir et me poussait en avant. J'appelai les officiers, et je dis à l'un d'eux :

— Allons, un canot à la mer... puisque à présent nous sommes des bourreaux! Vous y mettrez cette femme, et vous l'emmènerez au large, jusqu'à ce que vous entendiez des coups de fusil. Alors vous reviendrez. — Obéir à un morceau de papier ! car ce n'était que cela enfin ! Il fallait qu'il y eût quelque chose dans l'air qui me poussât. J'entrevis de loin ce jeune homme... oh! c'était affreux à voir!... s'agenouiller devant sa Laurette, et lui baiser les genoux et les pieds. N'est-ce pas que vous trouvez que j'étais bien malheureux?...

Je criai comme un fou : — Séparez-les! nous sommes tous des scélérats! — Séparez-les... La pauvre République est un corps mort! Directeurs, Directoire, c'en est la vermine! Je quitte la mer! Je ne crains pas tous vos avocats ; qu'on leur dise ce que je dis, qu'est-ce que ça me fait? Ah! je me souciais bien d'eux en effet! J'aurais voulu les tenir, je les aurais fait fusiller tous les cinq, les coquins! Oh! je l'aurais fait; je me souciais de la vie comme de l'eau qui tombe là, tenez... Je m'en souciais bien!... une vie comme la mienne... Ah bien oui! pauvre vie... va!...

———

Et la voix du Commandant s'éteignit peu à peu et devint aussi incertaine que ses paroles; et il marcha en se mordant les lèvres et en fronçant le sourcil dans une distraction terrible et farouche. Il avait de petits mouvements convulsifs et donnait à son mulet des coups du fourreau de son épée, comme s'il eût voulu le tuer. Ce qui m'étonna, ce fut de voir la peau jaune de sa figure devenir d'un rouge foncé. Il défit et entr'ouvrit violemment son habit sur la poitrine, la découvrant au vent et à la pluie. Nous continuâmes ainsi à marcher dans un grand silence. Je vis bien qu'il ne parlerait plus de lui-même, et qu'il fallait me résoudre à questionner.

— Je comprends bien, lui dis-je, comme s'il eût fini son histoire, qu'après une aventure aussi cruelle on prenne son métier en horreur.

— Oh! le métier; êtes-vous fou? me dit-il brusquement, ce n'est pas le métier! Jamais le capitaine d'un bâtiment ne sera obligé d'être un bourreau, sinon quand viendront des gouvernements d'assassins et de voleurs, qui profiteront de l'habitude qu'a un pauvre homme d'obéir aveuglément, d'obéir toujours, d'obéir comme une malheureuse mécanique, malgré son cœur.

En même temps il tira de sa poche un mouchoir rouge dans lequel il se mit à pleurer comme un enfant. Je m'arrêtai un moment comme pour arranger mon étrier, et, restant derrière la charrette, je marchai quelque temps à la suite, sentant qu'il serait humilié si je voyais trop clairement ses larmes abondantes.

J'avais deviné juste, car au bout d'un quart d'heure environ, il vint aussi derrière son pauvre équipage, et me demanda si je n'avais pas de rasoirs dans mon portemanteau ; à quoi je lui répondis simplement que, n'ayant pas encore de barbe, cela m'était fort inutile. Mais il n'y tenait pas, c'était pour parler d'autre chose. Je m'aperçus cependant avec plaisir qu'il revenait à son histoire, car il me dit tout à coup :

— Vous n'avez jamais vu de vaisseau de votre vie, n'est-ce pas ?

— Je n'en ai vu, dis-je, qu'au Panorama de Paris, et je ne me fie pas beaucoup à la science maritime que j'en ai tirée.

— Vous ne savez pas, par conséquent, ce que c'est que le bossoir ?

— Je ne m'en doute pas, dis-je.

— C'est une espèce de terrasse de poutres qui sort de l'avant du navire, et d'où l'on jette l'ancre en mer. Quand on fusille un homme, on le fait placer là ordinairement, ajouta-t-il plus bas.

— Ah! je comprends, parce qu'il tombe de là dans la mer.

Il ne répondit pas, et se mit à décrire toutes les sortes de canots que peut porter un brick, et leur position dans le bâtiment; et puis, sans ordre dans ses idées, il continua son récit avec cet air affecté d'insouciance que de longs services donnent infailliblement, parce qu'il faut montrer à ses inférieurs le mépris du danger, le mépris des hommes, le mépris de la vie, le mépris de la mort et le mépris de soi-même; et tout cela cache, sous une dure enveloppe, presque toujours une sensibilité profonde. — La dureté de l'homme de guerre est comme un masque de fer sur un noble visage, comme un cachot de pierre qui renferme un prisonnier royal.

— Ces embarcations tiennent six hommes, reprit-il. Ils s'y jetèrent et emportèrent Laure avec eux, sans qu'elle eût le temps de crier et de parler. Oh! voici une chose dont aucun honnête homme ne peut se consoler quand il en est cause. On a beau dire, on n'oublie pas une chose pareille!... Ah! quel temps il fait! — Quel diable m'a poussé à raconter ça! quand je raconte cela, je ne peux plus m'arrêter, c'est fini. C'est une histoire qui me grise comme le vin de Jurançon. — Ah! quel temps il fait! — Mon manteau est traversé.

Je vous parlais, je crois, encore de cette petite Laurette! — La pauvre femme! — Qu'il y a des gens maladroits dans le monde! l'officier fut assez sot pour conduire le canot en avant du brick. Après cela, il est vrai de dire qu'on ne peut pas tout prévoir. Moi je comptais sur la nuit pour cacher l'affaire, et je ne pensais pas à la lumière des douze fusils faisant feu à la fois. Et, ma foi! du canot elle vit son mari tomber à la mer, fusillé.

S'il y a un Dieu là-haut, il sait comment arriva

ce que je vais vous dire; moi je ne le sais pas, mais on l'a vu et entendu comme je vous vois et vous entends. Au moment du feu, elle porta la main à sa tête comme si une balle l'avait frappée au front, et s'assit dans le canot sans s'évanouir, sans crier, sans parler, et revint au brick quand on voulut et comme on voulut. J'allai à elle, je lui parlai longtemps et le mieux que je pus. Elle avait l'air de m'écouter et me regardait en face, en se frottant le front. Elle ne comprenait pas, et elle avait le front rouge et le visage tout pâle. Elle tremblait de tous ses membres comme ayant peur de tout le monde. Ça lui est resté. Elle est encore de même, la pauvre petite! idiote, ou comme imbécile, ou folle, comme vous voudrez. Jamais on n'en a tiré une parole, si ce n'est quand elle dit qu'on lui ôte ce qu'elle a dans la tête.

De ce moment-là je devins aussi triste qu'elle, et je sentis quelque chose en moi qui me disait : *Reste devant elle jusqu'à la fin de tes jours, et garde-la;* je l'ai fait. Quand je revins en France, je demandai à passer avec mon grade dans les troupes de terre, ayant pris la mer en haine parce que j'y avais jeté du sang innocent. Je cherchai la famille de Laure. Sa mère était morte. Ses sœurs, à qui je la conduisais folle, n'en voulurent pas, et m'offrirent de la mettre à Charenton. Je leur tournai le dos, et je la garde avec moi.

— Ah! mon Dieu! si vous voulez la voir, mon camarade, il ne tient qu'à vous. — Serait-elle là dedans? lui dis-je. — Certainement! tenez! attendez. — Hô! hô! la mule...

CHAPITRE VI.

COMMENT JE CONTINUAI MA ROUTE.

Et il arrêta son pauvre mulet, qui me parut charmé que j'eusse fait cette question. En même temps il souleva la toile cirée de sa petite charrette, comme pour arranger la paille qui la remplissait presque, et je vis quelque chose de bien douloureux. Je vis deux yeux bleus, démesurés de grandeur, admirables de forme, sortant d'une tête pâle, amaigrie et longue, inondée de cheveux blonds, tout plats. Je ne vis, en vérité, que ces deux yeux, qui étaient tout dans cette pauvre femme, car le reste était mort. Son front était rouge; ses joues creuses et blanches avaient des pommettes bleuâtres; elle était accroupie au milieu de la paille, si bien qu'on en voyait à peine sortir ses deux genoux, sur lesquels elle jouait aux dominos toute seule. Elle nous regarda un moment, trembla longtemps, me sourit un peu, et se remit à jouer. Il me parut qu'elle s'appliquait à comprendre comment sa main droite battrait sa main gauche.

— Voyez-vous, il y a un mois qu'elle joue cette partie-là, me dit le Chef de bataillon; demain, ce sera peut-être un autre jeu qui durera longtemps. C'est drôle, hein?

En même temps il se mit à replacer la toile cirée de son schako, que la pluie avait un peu dérangée.

— Pauvre Laurette! dis-je, tu as perdu pour toujours, va.

J'approchai mon cheval de la charrette, et je lui tendis la main; elle me donna la sienne machinalement, et en souriant avec beaucoup de douceur. Je remarquai avec étonnement qu'elle avait à ses longs doigts deux bagues de diamants; je pensai que c'étaient encore les bagues de sa mère, et je me demandai comment la misère les avait laissées là. Pour un monde entier je n'en aurais pas fait l'observation au vieux Commandant ; mais comme il me suivait des yeux, et voyait les miens arrêtés sur les doigts de Laure, il me dit avec un certain air d'orgueil :

— Ce sont d'assez gros diamants, n'est-ce pas ? Ils pourraient avoir leur prix dans l'occasion, mais je n'ai pas voulu qu'elle s'en séparât, la pauvre enfant. Quand on y touche, elle pleure, elle ne les quitte pas. Du reste, elle ne se plaint jamais, et elle peut coudre de temps en temps. J'ai tenu parole à son pauvre petit mari, et, en vérité, je ne m'en repens pas. Je ne l'ai jamais quittée, et j'ai dit partout que c'était ma fille qui était folle. On a respecté ça. A l'armée tout s'arrange mieux qu'on ne le croit à Paris, allez ! — Elle a fait toutes les guerres de l'Empereur avec moi, et je l'ai toujours tirée d'affaire. Je la tenais toujours chaudement. Avec de la paille et une petite voiture, ce n'est jamais impossible. Elle avait une tenue assez soignée, et moi, étant chef de bataillon, avec une bonne paye, ma pension de la Légion d'honneur et le mois Napoléon, dont la solde était double, dans le temps, j'étais tout à fait au courant de mon affaire, et elle ne me gênait pas. Au contraire, ses enfantillages faisaient rire quelquefois les officiers du 7e léger.

Alors il s'approcha d'elle et lui frappa sur l'épaule, comme il eût fait à son petit mulet.

— Eh bien, ma fille! dis donc, parle donc un peu au lieutenant qui est là; voyons, un petit signe de tête.

Elle se remit à ses dominos.

— Oh! dit-il, c'est qu'elle est un peu farouche aujourd'hui, parce qu'il pleut. Cependant elle ne s'enrhume jamais. Les fous, ça n'est jamais malade, c'est commode de ce côté-là. A la Bérésina et dans toute la retraite de Moscou, elle allait nu-tête.
— Allons, ma fille, joue toujours, va, ne t'inquiète pas de nous; fais ta volonté, va, Laurette.

Elle lui prit la main qu'il appuyait sur son épaule, une grosse main noire et ridée; elle la porta timidement à ses lèvres et la baisa comme une pauvre esclave. Je me sentis le cœur serré par ce baiser, et je tournai bride violemment.

— Voulons-nous continuer notre marche, Commandant? lui dis-je; la nuit viendra avant que nous soyons à Béthune.

Le Commandant racla soigneusement avec le bout de son sabre la boue jaune qui chargeait ses bottes; ensuite il monta sur le marchepied de la charrette, ramena sur la tête de Laure le capuchon de drap d'un petit manteau qu'elle avait. Il ôta sa cravate de soie noire et la mit autour du cou de sa fille adoptive; après quoi il donna le coup de pied au mulet, fit son mouvement d'épaule et dit : — En route, mauvaise troupe! — Et nous repartîmes.

La pluie tombait toujours tristement; le ciel gris et la terre grise s'étendaient sans fin; une sorte de lumière terne, un pâle soleil, tout mouillé, s'abaissait derrière de grands moulins qui ne tournaient pas. Nous retombâmes dans un grand silence.

Je regardais mon vieux Commandant; il marchait à grands pas, avec une vigueur toujours soutenue, tandis que son mulet n'en pouvait plus, et que mon cheval même commençait à baisser la tête. Ce brave homme ôtait de temps à autre son schako pour essuyer son front chauve et quelques cheveux gris de sa tête, ou ses gros sourcils, ou ses moustaches blanches, d'où tombait la pluie. Il ne s'inquiétait pas de l'effet qu'avait pu faire sur moi son récit. Il ne s'était fait ni meilleur ni plus mauvais qu'il n'était. Il n'avait pas daigné se dessiner. Il ne pensait pas à lui-même, et au bout d'un quart d'heure il entama, sur le même ton, une histoire bien plus longue sur une campagne du maréchal Masséna, où il avait formé son bataillon en carré contre je ne sais quelle cavalerie. Je ne l'écoutai pas, quoiqu'il s'échauffât pour me démontrer la supériorité du fantassin sur le cavalier.

La nuit vint, nous n'allions pas vite. La boue devenait plus épaisse et plus profonde. Rien sur la route et rien au bout. Nous nous arrêtâmes au pied d'un arbre mort, le seul arbre du chemin. Il donna d'abord ses soins à son mulet, comme moi à mon cheval. Ensuite il regarda dans la charrette, comme une mère dans le berceau de son enfant. Je l'entendais qui disait : — Allons, ma fille, mets cette redingote sur tes pieds, et tâche de dormir. — Allons, c'est bien! elle n'a pas une goutte de pluie. — Ah! diable! elle a cassé ma montre, que je lui avais laissée au cou! — Oh! ma pauvre montre d'argent! — Allons, c'est égal ; mon enfant, tâche de dormir. Voilà le beau temps qui va venir bientôt. — C'est drôle! elle a toujours la fièvre ; les folles sont comme ça. Tiens, voilà du chocolat pour toi, mon enfant.

Il appuya la charrette à l'arbre, et nous nous assîmes sous les roues, à l'abri de l'éternelle ondée, partageant un petit pain à lui et un à moi ; mauvais souper.

— Je suis fâché que nous n'ayons que ça, dit-il ; mais ça vaut mieux que du cheval cuit sous la cendre avec de la poudre dessus, en manière de sel, comme on en mangeait en Russie. La pauvre petite femme, il faut bien que je lui donne ce que j'ai de mieux ; vous voyez que je la mets toujours à part. Elle ne peut pas souffrir le voisinage d'un homme depuis l'affaire de la lettre. Je suis vieux, et elle a l'air de croire que je suis son père ; malgré cela, elle m'étranglerait si je voulais l'embrasser seulement sur le front. L'éducation leur laisse toujours quelque chose, à ce qu'il paraît, car je ne l'ai jamais vue oublier de se cacher comme une religieuse. — C'est drôle, hein ?

Comme il parlait d'elle de cette manière, nous l'entendîmes soupirer et dire : *Otez ce plomb ! ôtez-moi ce plomb !* Je me levai, il me fit rasseoir.

— Restez, restez, me dit-il, ce n'est rien ; elle dit ça toute sa vie, parce qu'elle croit toujours sentir une balle dans sa tête. Ça ne l'empêche pas de faire tout ce qu'on lui dit, et cela avec beaucoup de douceur.

Je me tus, en l'écoutant avec tristesse. Je me mis à calculer que, de 1797 à 1815, où nous étions, dix-huit années s'étaient ainsi passées pour cet homme. — Je demeurai longtemps en silence à côté de lui, cherchant à me rendre compte de ce caractère et de cette destinée. Ensuite, à propos de rien, je lui donnai une poignée de main pleine d'enthousiasme. Il en fut étonné.

— Vous êtes un digne homme, lui dis-je. Il me répondit :

— Eh ! pourquoi donc? Est-ce à cause de cette pauvre femme?... Vous sentez bien, mon enfant, que c'était un devoir. Il y a longtemps que j'ai fait Abnégation.

Et il me parla encore de Masséna.

Le lendemain, au jour, nous arrivâmes à Béthune, petite ville laide et fortifiée, où l'on dirait que les remparts, en resserrant leur cercle, ont pressé les maisons l'une sur l'autre. Tout y était en confusion, c'était le moment d'une alerte. Les habitants commençaient à retirer les drapeaux blancs des fenêtres, et à coudre les trois couleurs dans leurs maisons. Les tambours battaient la générale ; les trompettes sonnaient *à cheval*, par ordre de M. le duc de Berry. Les longues charrettes picardes portaient les Cent-Suisses et leurs bagages ; les canons des Gardes-du-Corps courant aux remparts, les voitures des princes, les escadrons des Compagnies-

Rouges se formant, encombraient la ville. La vue des Gendarmes du roi et des Mousquetaires me fit oublier mon vieux compagnon de route. Je joignis ma compagnie, et je perdis dans la foule la petite charrette et ses pauvres habitants. A mon grand regret, c'était pour toujours que je les perdais.

Ce fut la première fois de ma vie que je lus au fond d'un vrai cœur de soldat. Cette rencontre me révéla une nature d'homme qui m'était inconnue, et que le pays connaît mal et ne traite pas bien; je la plaçai dès lors très-haut dans mon estime. J'ai souvent cherché depuis autour de moi quelque homme semblable à celui-là et capable de cette abnégation de soi-même entière et insouciante. Or, durant quatorze années que j'ai vécu dans l'armée, ce n'est qu'en elle, et surtout dans les rangs dédaignés et pauvres de l'infanterie, que j'ai retrouvé ces hommes de caractère antique, poussant le sentiment du devoir jusqu'à ses dernières conséquences, n'ayant ni remords de l'obéissance ni honte de la pauvreté, simples de mœurs et de langage, fiers de la gloire du pays, et insouciants de la leur propre, s'enfermant avec plaisir dans leur obscurité, et partageant avec les malheureux le pain noir qu'ils payent de leur sang.

J'ignorai longtemps ce qu'était devenu ce pauvre Chef de bataillon, d'autant plus qu'il ne m'avait pas dit son nom et que je ne le lui avais pas demandé. Un jour cependant, au café, en 1825, je crois, un vieux capitaine d'infanterie de ligne à qui je le décrivis, en attendant la parade, me dit :

— Eh ! pardieu, mon cher, je l'ai connu, le pauvre diable ! C'était un brave homme ; il a été *descendu* par un boulet à Waterloo. Il avait en effet laissé aux bagages une espèce de fille folle que nous menâmes à l'hôpital d'Amiens, en allant à l'armée de la Loire, et qui y mourut, furieuse, au bout de trois jours.

— Je le crois bien, dis-je ; elle n'avait plus son père nourricier !

— Ah bah ! *père !* qu'est-ce que vous dites donc ? ajouta-t-il d'un air qu'il voulait rendre fin et licencieux.

— Je dis qu'on bat le rappel, repris-je en sortant. Et moi aussi, j'ai fait abnégation.

LIVRE DEUXIÈME

SOUVENIRS
DE
SERVITUDE MILITAIRE

CHAPITRE PREMIER.

SUR LA RESPONSABILITÉ.

Je me souviens encore de la consternation que cette histoire jeta dans mon âme; ce fut peut-être là le principe de ma lente guérison pour cette maladie de l'enthousiasme militaire. Je me sentis tout à coup humilié de courir des chances de crime, et de me trouver à la main un sabre d'Esclave au lieu d'une épée de Chevalier. Bien d'autres faits pareils vinrent à ma connaissance, qui flétrissaient à mes yeux cette noble espèce d'hommes que je n'aurais voulu voir consacrée qu'à la défense de la patrie. Ainsi à l'époque de la Terreur, il arriva qu'un autre capitaine de vaisseau reçut, comme toute la marine, l'ordre monstrueux du Comité de salut public de fusiller les prisonniers de guerre; il eut le malheur de prendre un bâtiment anglais, et le malheur plus grand d'obéir à l'ordre du gouvernement. Revenu à terre, il rendit compte de sa honteuse exécution, se retira du service, et mourut de chagrin en peu de temps. Ce capitaine commandait *la Boudeuse,* frégate qui la première fit le tour du monde sous les ordres de M. de Bougainville, mon parent. Ce grand navigateur en pleura, pour l'honneur de son vieux vaisseau.

Ne viendra-t-elle jamais, la loi qui, dans de telles circonstances, mettra d'accord le Devoir et la Conscience ? La voix publique a-t-elle tort quand elle s'élève d'âge en âge pour absoudre et pour honorer la désobéissance du vicomte d'Orte, qui répondit à Charles IX lui ordonnant d'étendre à Dax la Saint-Barthélemy parisienne :

« Sire, j'ai communiqué le commandement de
« Votre Majesté à ses fidèles habitants et gens de
« guerre; je n'ai trouvé que bons citoyens et braves
« soldats, et pas un bourreau. »

Et s'il eut raison de refuser l'obéissance, comment vivons-nous sous des lois que nous trouvons raisonnables de donner la mort à qui refuserait cette même obéissance aveugle? Nous admirons le libre arbitre et nous le tuons; l'absurde ne peut régner ainsi longtemps. Il faudra bien que l'on en vienne à régler les circonstances où la délibération sera permise à l'homme armé, et jusqu'à quel rang sera laissée libre l'intelligence, et avec elle l'exercice de la Conscience et de la Justice... Il faudra bien un jour sortir de là.

Je ne me dissimule point que c'est là une question d'une extrême difficulté, et qui touche à la base même de toute discipline. Loin de vouloir affaiblir cette discipline, je pense qu'elle a besoin d'être corroborée sur beaucoup de points parmi nous, et que, devant l'ennemi, les lois ne peuvent être trop draconiennes. Quand l'armée tourne sa poitrine de fer du côté de l'étranger, qu'elle marche et agisse comme un seul homme, cela doit être; mais lorsqu'elle s'est retournée, et qu'elle n'a plus devant elle que la mère patrie, il est bon qu'alors, du moins, elle trouve des lois prévoyantes qui lui permettent d'avoir des entrailles filiales. Il est à souhaiter aussi que des limites immuables soient posées une fois pour toujours à ces ordres absolus donnés aux Armées par le souverain Pouvoir, si souvent tombé en indignes mains, dans notre histoire. Qu'il ne soit jamais possible à quelques aventuriers parvenus à la Dictature de transformer en assassins quatre cent mille hommes d'honneur, par une loi d'un jour comme leur règne.

Souvent, il est vrai, je vis, dans les coutumes du service, que, grâce peut-être à l'incurie française et à la facile bonhomie de notre caractère, comme compensation, et tout à côté de cette misère de la Servitude militaire, il régnait dans les Armées une sorte de liberté d'esprit qui adoucissait l'humiliation de l'obéissance passive; et, remarquant dans tout homme de guerre quelque chose d'ouvert et de noblement dégagé, je pensai que cela venait d'une âme reposée et soulagée du poids énorme de la responsabilité. J'étais fort enfant alors, et j'éprouvai peu à peu que ce sentiment allégeait ma conscience ; il me sembla voir dans chaque général en chef une sorte de Moïse, qui devait seul rendre ses terribles comptes à Dieu, après avoir dit aux fils de Lévi : « Passez et repassez au travers du camp ; que chacun tue son frère, son fils, son ami et celui qui lui est le plus proche. » Et il y eut vingt-trois mille hommes de tués, dit l'Exode, ch. XXXII, v. 27 ; car je savais la Bible par cœur, et ce livre et moi étions tellement inséparables que dans les plus longues marches il me suivait toujours. On voit quelle fut la première consolation qu'il me donna. Je pensai qu'il faudrait que j'eusse bien du malheur pour qu'un de mes Moïses galonnés d'or m'ordonnât de tuer toute ma famille ; et en effet cela ne m'arriva pas, comme je l'avais fort sagement conjecturé. Je pensais aussi que, quand même régnerait sur la terre l'impraticable paix de l'abbé de Saint-Pierre, et quand lui-même serait chargé de régulariser cette liberté et cette égalité universelle, il lui faudrait pour cette œuvre quelques régiments de Lévites à qui il pût dire de ceindre l'épée, et à qui leur soumission attirerait la bénédiction du Seigneur. Je cherchais ainsi à capituler avec les monstrueuses résignations de l'*obéissance passive,* en considérant à quelle source elle remontait, et comme tout ordre social semblait appuyé sur l'obéissance; mais il me fallut bien des raisonnements et des paradoxes pour parvenir à lui faire prendre quelque place dans mon âme. J'aimais fort à l'infliger et peu à la subir; je la trouvais admirablement sage sous mes pieds, mais absurde sur ma tête. J'ai vu depuis bien des hommes raisonner ainsi, qui n'avaient pas l'excuse que j'avais alors : j'étais un Lévite de seize ans.

Je n'avais pas alors étendu mes regards sur la patrie entière de notre France, et sur cette autre patrie qui l'entoure, l'Europe; et de là sur la patrie de l'humanité, le globe, qui devient heureusement plus petit chaque jour, resserré dans la main de la civilisation. Je ne pensai pas combien le cœur de l'homme de guerre serait plus léger encore dans sa poitrine, s'il sentait en lui deux hommes, dont l'un obéirait à l'autre; s'il savait qu'après son rôle tout rigoureux dans la guerre, il aurait droit à un rôle tout bienfaisant et non moins glorieux dans la paix; si, à un grade déterminé, il avait des droits d'élection; si, après avoir été longtemps muet dans les camps, il avait sa voix dans la Cité; s'il était exécuteur, dans l'une, des lois qu'il aurait faites dans l'autre, et si, pour voiler le sang de l'épée, il avait la toge. Or, il n'est pas impossible que tout cela n'advienne un jour.

Nous sommes vraiment sans pitié de vouloir qu'un homme soit assez fort pour répondre lui seul de cette nation armée qu'on lui met dans la main. C'est une chose nuisible aux gouvernements mêmes; car l'organisation actuelle, qui suspend ainsi à un seul doigt toute cette chaîne électrique de l'obéissance passive, peut, dans tel cas donné, rendre par trop simple le renversement total d'un État. Telle révolution, à demi formée et recrutée, n'aurait qu'à gagner un ministre de la guerre pour se compléter entièrement. Tout le reste suivrait nécessairement, d'après nos lois, sans que nul anneau se pût soustraire à la commotion donnée d'en haut.

Non, j'en atteste les soulèvements de conscience de tout homme qui a vu couler ou fait couler le sang de ses concitoyens, ce n'est pas assez d'une seule tête pour porter un poids aussi lourd que celui de tant de meurtres ; ce ne serait pas trop d'autant de têtes qu'il y a de combattants. Pour être responsables de la loi de sang qu'elles exécutent, il serait juste qu'elles l'eussent au moins bien comprise. Mais les institutions meilleures, réclamées ici, ne seront elles-mêmes que très-passagères, car, encore une fois, les armées et la guerre n'auront qu'un temps ; car, malgré les paroles d'un sophiste que j'ai combattu ailleurs, il n'est point vrai que, même contre l'étranger, la guerre soit *divine*; il n'est point vrai que *la terre soit avide de sang*. La guerre est maudite de Dieu et des hommes mêmes qui la font et qui ont d'elle une secrète horreur, et la terre ne crie au ciel que pour lui demander l'eau fraîche de ses fleuves et la rosée pure de ses nuées.

Ce n'est pas, du reste, dans la première jeunesse, toute donnée à l'action, que j'aurais pu me demander s'il n'y avait pas des pays modernes où l'homme de la guerre fût le même que l'homme de la paix, et non un homme séparé de la famille et placé comme son ennemi. Je n'examinais pas ce qu'il nous serait bon de prendre aux anciens sur ce point; beaucoup de projets d'une organisation plus sensée des armées ont été enfantés inutilement. Bien loin d'en mettre aucun à exécution, ou seulement en lumière, il est probable que le Pouvoir, quel qu'il soit, s'en éloignera toujours de plus en plus, ayant intérêt à s'entourer de gladiateurs dans la lutte sans cesse menaçante; cependant l'idée se fera jour et prendra sa forme, comme fait tôt ou tard toute idée nécessaire.

Dans l'état actuel, que de bons sentiments à conserver qui pourraient s'élever encore par le sentiment d'une haute dignité personnelle! J'en ai recueilli bien des exemples dans ma mémoire; j'avais autour de moi, prêts à me les fournir, d'innombrables amis intimes, si gaiement résignés à leur insouciante soumission, si libres d'esprit dans l'esclavage de leur corps, que cette insouciance me gagna un moment comme eux, et, avec elle, ce calme parfait du soldat et de l'officier, calme qui est précisément celui du cheval mesurant noblement son allure entre la bride et l'éperon, et fier de n'être nullement responsable. Qu'il me soit donc permis de donner, dans la simple histoire d'un brave homme et d'une famille de soldat que je ne fis qu'entrevoir, un exemple, plus doux que le premier, de ces longues résignations de toute la vie, pleines d'honnêteté, de pudeur et de bonhomie, très-commune dans notre armée, et dont la vue repose l'âme quand on vit en même temps, comme je le faisais, dans un monde élégant, d'où l'on descend avec plaisir pour étudier des mœurs plus naïves, tout arriérées qu'elles sont.

Telle qu'elle est, l'Armée est un bon livre à ouvrir pour connaître l'humanité; on y apprend à mettre la main à tout, aux choses les plus basses comme aux plus élevées; les plus délicats et les plus riches sont forcés de voir vivre de près la pauvreté et de vivre avec elle, de lui mesurer son gros pain et de lui peser sa viande. Sans l'armée, tel fils de grand seigneur ne soupçonnerait pas comment un soldat vit, grandit, engraisse toute l'année avec neuf sous par jour et une cruche d'eau fraîche, portant sur le dos un sac dont le contenant et le contenu coûtent quarante francs à sa patrie.

Cette simplicité de mœurs, cette pauvreté insouciante et joyeuse de tant de jeunes gens, cette vigoureuse et saine existence, sans fausse politesse ni fausse sensibilité, cette allure mâle donnée à tout, cette uniformité de sentiments imprimés par la discipline, sont des liens d'habitude grossiers, mais difficiles à rompre, et qui ne manquent pas d'un certain charme inconnu aux autres professions. J'ai vu des officiers prendre cette existence en passion au point de ne pouvoir la quitter quelque temps sans ennui, même pour retrouver les plus élégantes et les plus chères coutumes de leur vie. — Les régiments sont des couvents d'hommes, mais des couvents nomades ; partout ils portent leurs usages empreints de gravité, de silence, de retenue. On y remplit bien les vœux de Pauvreté et d'Obéissance.

Le caractère de ces reclus est indélébile comme celui des moines, et jamais je n'ai revu l'uniforme d'un de mes régiments sans un battement de cœur.

LA VEILLÉE DE VINCENNES

CHAPITRE II.

LES SCRUPULES D'HONNEUR D'UN SOLDAT.

Un soir de l'été de 1819, je me promenais à Vincennes dans l'intérieur de la forteresse, où j'étais en garnison avec Timoléon d'Arc***, lieutenant de la Garde comme moi; nous avions fait, selon l'habitude, la promenade au polygone, assisté à l'étude du tir à ricochet, écouté et raconté paisiblement les histoires de guerre, discuté sur l'école Polytechnique, sur sa formation, son utilité, ses défauts, et sur les hommes au teint jaune qu'avait fait pousser ce terroir géométrique. La couleur pâle de l'école, Timoléon l'avait aussi sur le front. Ceux qui l'ont connu se rappelleront comme moi sa figure régulière et un peu amaigrie, ses grands yeux noirs et les sourcils arqués qui les couvraient, et le sérieux si doux et rarement troublé de son visage spartiate ; il était fort préoccupé ce soir-là de notre conversation très-longue sur le système des probabilités de Laplace. Je me souviens qu'il tenait sous le bras ce livre, que nous avions en grande estime, et dont il était souvent tourmenté.

La nuit tombait, ou plutôt s'épanouissait ; une belle nuit d'août. Je regardais avec plaisir la chapelle construite par saint Louis, et cette couronne de tours moussues et à demi ruinées qui servait alors de parure à Vincennes ; le donjon s'élevait au-dessus d'elles comme un roi au milieu de ses gardes. Les petits croissants de la chapelle brillaient parmi les premières étoiles, au bout de leurs longues flèches. L'odeur fraîche et suave du bois nous parvenait par-dessus les remparts, et il n'y avait pas jusqu'au gazon des batteries qui n'exhalât une haleine de soir d'été. Nous nous assîmes sur un grand canon de Louis XIV, et nous regardâmes en silence quelques jeunes soldats qui essayaient leur force en soulevant tour à tour une bombe au bout du bras, tandis que les autres rentraient lentement et passaient le pont-levis deux par deux ou quatre par quatre, avec toute la paresse du désœuvrement militaire. Les cours étaient remplies de caissons de l'artillerie, ouverts et chargés de poudre, préparés pour la revue du lendemain. A notre côté, près de la porte du bois, un vieil Adjudant d'artillerie ouvrait et refermait, souvent avec inquiétude, la porte très-légère d'une petite tour, poudrière et arsenal, appartenant à l'artillerie à pied, et remplie de barils de poudre, d'armes et de munitions de guerre. Il nous salua en passant. C'était un homme d'une taille élevée, mais un peu voûtée. Ses cheveux étaient rares et blancs, sa moustache blanche et épaisse, son air ouvert, robuste et frais encore, heureux, doux et sage. Il tenait trois grands registres à la main, et y vérifiait de longues colonnes de chiffres. Nous lui demandâmes pourquoi il travaillait si tard, contre sa coutume. Il nous répondit, avec le ton de respect et de calme des vieux soldats, que c'était le lendemain un jour d'inspection générale à cinq heures du matin; qu'il était responsable des poudres, et qu'il ne cessait de les examiner et de recommencer vingt fois ses comptes pour être à l'abri du plus léger reproche de négligence; qu'il avait voulu aussi profiter des dernières lueurs du jour, parce que la consigne était sévère et défendait d'entrer la nuit dans la poudrière avec un flambeau ou même une lanterne sourde; qu'il était désolé de n'avoir pas eu le temps de tout voir, et qu'il lui restait encore quelques obus à examiner; qu'il voudrait bien pouvoir revenir dans la nuit; et il regardait avec un peu d'impatience le grenadier que l'on posait en faction à la porte, et qui devait l'empêcher d'y rentrer.

Après nous avoir donné ces détails, il se mit à genoux et regarda sous la porte s'il n'y restait pas une traînée de poudre. Il craignait que les éperons ou les fers des bottes des officiers ne vinssent à y mettre le feu le lendemain.

— Ce n'est pas cela qui m'occupe le plus, dit-il en se relevant, mais ce sont mes registres; et il les regardait avec regret.

— Vous êtes trop scrupuleux, dit Timoléon.

— Ah! mon lieutenant, quand on est dans la Garde on ne peut pas l'être trop sur son honneur. Un de nos maréchaux des logis s'est brûlé la cervelle lundi dernier, pour avoir été mis à la salle de police. Moi, je dois donner l'exemple aux sous-officiers. Depuis que je sers dans la Garde je n'ai pas eu un reproche de mes chefs, et une punition me rendrait bien malheureux.

Il est vrai que ces braves soldats, pris dans l'armée parmi l'élite de l'élite, se croyaient déshonorés pour la plus légère faute.

— Allez, vous êtes tous les puritains de l'honneur, lui dis-je en lui frappant sur l'épaule.

Il salua et se retira vers la caserne où était son logement; puis, avec une innocence de mœurs particulière à l'honnête race des soldats, il revint apportant du chènevis dans le creux de ses mains à une poule qui élevait ses douze poussins sous le vieux canon de bronze où nous étions assis.

C'était bien la plus charmante poule que j'aie connue de ma vie ; elle était toute blanche, sans une seule tache ; et ce brave homme, avec ses gros doigts mutilés à Marengo et à Austerlitz, lui avait collé sur la tête une petite aigrette rouge, et sur la poitrine un petit collier d'argent avec une plaque à son chiffre. La bonne poule en était fière et reconnaissante à la fois. Elle savait que les sentinelles la faisaient toujours respecter, et elle n'avait peur de personne, pas même d'un petit cochon de lait et d'une chouette qu'on avait logés auprès d'elle sous le canon voisin. La belle poule faisait le bonheur des canonniers ; elle recevait de nous tous des miettes de pain et de sucre tant que nous étions en uniforme ; mais elle avait horreur de l'habit bourgeois, et ne nous reconnaissant plus sous ce déguisement, elle s'enfuyait avec sa famille sous le canon de Louis XIV. Magnifique canon sur lequel était gravé l'éternel soleil avec son *Nec pluribus impar,* et l'*Ultima ratio Regum.* Et il logeait une poule là-dessous !

Le bon Adjudant nous parla d'elle en fort bons termes. Elle fournissait des œufs à lui et à sa fille avec une générosité sans pareille; et il l'aimait tant, qu'il n'avait pas eu le courage de tuer un seul de ses poulets, de peur de l'affliger. Comme il racontait ses bonnes mœurs, les tambours et les trompettes battirent et sonnèrent à la fois l'appel du soir. On allait lever les ponts, et les concierges en faisaient résonner les chaînes. Nous n'étions pas de service, et nous sortîmes par la porte du bois. Timoléon, qui n'avait cessé de faire des angles sur le sable avec le bout de son épée, s'était levé du canon en regrettant ses triangles comme moi je regrettais ma poule blanche et mon Adjudant.

Nous tournâmes à gauche, en suivant les remparts; et, passant ainsi devant le tertre de gazon élevé au duc d'Enghien sur son corps fusillé et sa tête écrasée par un pavé, nous côtoyâmes les fossés en y regardant le petit chemin blanc qu'il avait pris pour arriver à cette fosse.

Il y a deux sortes d'hommes qui peuvent très-bien se promener ensemble cinq heures de suite sans se parler : ce sont les prisonniers et les officiers. Condamnés à se voir toujours, quand ils sont tous réunis, chacun est seul. Nous allions en silence, les bras derrière le dos. Je remarquai que Timoléon tournait et retournait sans cesse une lettre au clair de la lune ; c'était une petite lettre de forme longue ; j'en connaissais la figure et l'auteur féminin, et j'étais accoutumé à le voir rêver tout un jour sur cette petite écriture fine et élégante. Aussi nous étions arrivés au village en face du château, nous avions monté l'escalier de notre petite maison blanche ; nous allions nous séparer sur le carré de nos appartements voisins, que je n'avais pas dit une parole. Là seulement, il me dit tout à coup :

— Elle veut absolument que je donne ma démission ; qu'en pensez-vous ?

— Je pense, dis-je, qu'elle est belle comme un ange, parce que je l'ai vue ; je pense que vous l'aimez comme un fou, parce que je vous vois depuis deux ans tel que ce soir ; je pense que vous avez une assez belle fortune, à en juger par vos chevaux et votre train ; je pense que vous avez fait assez vos preuves pour vous retirer, et qu'en temps de paix ce n'est pas un grand sacrifice ; mais je pense aussi à une seule chose...

— Laquelle ? dit-il en souriant assez amèrement, parce qu'il devinait.

— C'est qu'elle est mariée, dis-je plus gravement ; vous le savez mieux que moi, mon pauvre ami.

— C'est vrai, dit-il, pas d'avenir.

— Et le service sert à vous faire oublier cela quelquefois, ajoutai-je.

— Peut-être, dit-il ; mais il n'est pas probable que mon étoile change à l'armée. Remarquez dans ma vie que jamais je n'ai rien fait de bien qui ne restât inconnu ou mal interprété.

— Vous liriez Laplace toutes les nuits, dis-je, que vous ne trouveriez pas de remède à cela.

Et je m'enfermai chez moi pour écrire un poëme sur le Masque de fer, poëme que j'appelai : LA PRISON.

CHAPITRE III.

SUR L'AMOUR DU DANGER.

L'isolement ne saurait être trop complet pour les hommes que je ne sais quel démon poursuit par les illusions de poésie. Le silence était profond, et l'ombre épaisse sur les tours du vieux Vincennes. La garnison dormait depuis neuf heures du soir. Tous les feux s'étaient éteints à six heures par ordre des tambours. On n'entendait que la voix des sentinelles placées sur le rempart et s'envoyant et répétant, l'une après l'autre, leur cri long et mélancolique : *Sentinelle, prenez garde à vous !* Les corbeaux des tours répondaient plus tristement encore, et, ne s'y croyant plus en sûreté, s'envolaient plus haut jusqu'au donjon. Rien ne pouvait plus me troubler, et pourtant quelque chose me troublait, qui n'était ni bruit, ni lumière. Je voulais et ne pouvais pas écrire. Je sentais quelque chose dans ma pensée, comme une tache dans une émeraude; c'était l'idée que quelqu'un auprès de moi veillait aussi, et veillait sans consolation, profondément tourmenté. Cela me gênait. J'étais sûr qu'il avait besoin de se confier, et j'avais fui brusquement sa confidence par désir de me livrer à mes idées favorites. J'en étais puni maintenant par le trouble de ces idées mêmes. Elles ne volaient pas librement et largement, et il me semblait que leurs ailes étaient appesanties, mouillées peut-être par une larme secrète d'un ami délaissé.

Je me levai de mon fauteuil. J'ouvris la fenêtre, et je me mis à respirer l'air embaumé de la nuit. Une odeur de forêt venait à moi, par-dessus les murs, un peu mélangée d'une faible odeur de poudre; cela me rappela ce volcan sur lequel vivaient et dormaient trois mille hommes dans une sécurité parfaite. J'aperçus sur la grande muraille du fort, séparé du village par un chemin de quarante pas tout au plus, une lueur projetée par la lampe de mon jeune voisin ; son ombre passait et repassait sur la muraille, et je vis à ses épaulettes qu'il n'avait pas même songé à se coucher. Il était minuit. Je sortis brusquement de ma chambre et j'entrai chez lui. Il ne fut nullement étonné de me voir, et dit tout de suite que s'il était encore debout, c'était pour finir une lecture de Xénophon qui l'intéressait fort. Mais comme il n'y avait pas un seul livre ouvert dans sa chambre, et qu'il tenait encore à la main son petit billet de femme, je ne fus pas sa dupe ; mais j'en eus l'air. Nous nous mîmes à la fenêtre, et je lui dis, essayant d'approcher mes idées des siennes :

— Je travaillais aussi de mon côté, et je cherchais à me rendre compte de cette sorte d'aimant qu'il y a pour nous dans l'acier d'une épée. C'est une attraction irrésistible qui nous retient au service malgré nous, et fait que nous attendons toujours un événement ou une guerre. Je ne sais pas et je venais vous en parler) s'il ne serait pas vrai de dire et d'écrire qu'il y a dans les armées une passion qui leur est particulière et qui leur donne la vie ; une passion qui ne tient ni de l'amour de la gloire, ni de l'ambition ; c'est une sorte de combat corps à corps contre la destinée, une lutte qui est la source de mille voluptés inconnues au reste des hommes, et dont les triomphes intérieurs sont remplis de magnificence ; enfin c'est l'AMOUR DU DANGER !

— C'est vrai, me dit Timoléon.

Je poursuivis :

— Que serait-ce donc qui soutiendrait le marin sur la mer ? qui le consolerait dans cet ennui d'un homme qui ne voit que des hommes ? Il part, et dit adieu à la terre ; adieu au sourire des femmes, adieu à leur amour ; adieu aux amitiés choisies et aux tendres habitudes de la vie ; adieu aux bons vieux parents ; adieu à la belle nature des campagnes, aux arbres, aux gazons, aux fleurs qui sentent bon, aux rochers sombres, aux bois mélancoliques pleins d'animaux silencieux et sauvages ; adieu aux grandes villes, au travail perpétuel des arts, à l'agitation sublime de toutes les pensées dans l'oisiveté de la vie, aux relations élégantes, mystérieuses et passionnées du monde; il dit adieu à tout, et part. Il va trouver trois ennemis : l'eau, l'air et l'homme; et toutes les minutes de sa vie vont en avoir un à combattre. Cette magnifique inquiétude le délivre de l'ennui. Il vit dans une perpétuelle victoire; c'en est une que de passer seulement sur l'Océan, et de ne pas s'engloutir en sombrant; c'en est une que d'aller où il veut, et de s'enfoncer dans les bras du vent contraire; c'en est une que de courir devant l'orage, et de s'en faire suivre comme d'un valet; c'en est une que d'y dormir et d'y établir son cabinet d'étude. Il se couche avec le sentiment de sa royauté, sur le dos de l'Océan, comme saint Jérôme sur son lion, et jouit de la solitude qui est aussi son épouse.

— C'est grand, dit Timoléon; et je remarquai qu'il posait la lettre sur la table.

— Et c'est l'AMOUR DU DANGER qui le nourrit, qui fait que jamais il n'est un moment désœuvré, qu'il se sent en lutte, et qu'il a un but. C'est la lutte qu'il nous faut toujours; si nous étions en campagne, vous ne souffririez pas tant.

— Qui sait? dit-il.

— Vous êtes aussi heureux que vous pouvez l'être; vous ne pouvez pas avancer dans votre bonheur. Ce bonheur-là est une impasse véritable.

— Trop vrai! trop vrai! l'entendis-je murmurer.

— Vous ne pouvez pas empêcher qu'elle n'ait un jeune mari et un enfant, et vous ne pouvez pas conquérir plus de liberté que vous n'en avez; voilà votre supplice, à vous!

Il me serra la main : — Et toujours mentir! dit-il. Croyez-vous que nous ayons la guerre?

— Je n'en crois pas un mot, répondis-je.

— Si je pouvais seulement savoir si elle est au bal ce soir! Je lui avais bien défendu d'y aller.

— Je me serais bien aperçu, sans ce que vous me dites là, qu'il est minuit, lui dis-je; vous n'avez pas besoin d'Austerlitz, mon ami, vous êtes assez occupé; vous pouvez dissimuler et mentir encore pendant plusieurs années. Bonsoir.

CHAPITRE IV.

LE CONCERT DE FAMILLE.

Comme j'allais me retirer, je m'arrêtai, la main sur la clef de sa porte, écoutant avec étonnement une musique assez rapprochée et venue du château même. Entendue de la fenêtre, elle nous sembla formée de deux voix d'hommes, d'une voix de femme et d'un piano. C'était pour moi une douce surprise, à cette heure de la nuit. Je proposai à mon camarade de l'aller écouter de plus près. Le petit pont-levis, parallèle au grand, et destiné à laisser passer le gouverneur et les officiers pendant une partie de la nuit, était ouvert encore. Nous rentrâmes dans le fort, et, en rôdant par les cours, nous fûmes guidés par le son jusque sous les fenêtres ouvertes que je reconnus pour celles du bon vieux Adjudant d'artillerie.

Ces grandes fenêtres étaient au rez-de-chaussée, et, nous arrêtant en face, nous découvrîmes, jusqu'au fond de l'appartement, la simple famille de cet honnête soldat.

Il y avait, au fond de la chambre, un petit piano de bois d'acajou, garni de vieux ornements de cuivre. L'Adjudant (tout âgé et tout modeste qu'il nous avait paru d'abord) était assis devant le clavier, et jouait une suite d'accords, d'accompagnements et de modulations simples, mais harmonieusement unies entre elles. Il tenait les yeux élevés au ciel, et n'avait point de musique devant lui; sa bouche était entr'ouverte avec délices sous l'épaisseur de ses longues moustaches blanches. Sa fille, debout à sa droite, allait chanter, ou venait de s'interrompre; car elle regardait avec inquiétude, la bouche entr'ouverte encore, comme lui. A sa gauche, un jeune sous-officier d'artillerie légère de la Garde, vêtu de l'uniforme sévère de ce beau corps, regardait cette jeune personne comme s'il n'eût pas cessé de l'écouter.

Rien de si calme que leurs poses, rien de si décent que leur maintien, rien de si heureux que leurs visages. Le rayon qui tombait d'en haut sur ces trois fronts n'y éclairait pas une expression soucieuse ; et le doigt de Dieu n'y avait écrit que bonté, amour et pudeur.

Le froissement de nos épées sur le mur les avertit que nous étions là. Le brave homme nous vit, et son front chauve en rougit de surprise et, je pense aussi, de satisfaction. Il se leva avec empressement, et prenant un des trois chandeliers qui l'éclairaient, vint nous ouvrir et nous fit asseoir. Nous le priâmes de continuer son concert de famille ; et avec une simplicité noble, sans s'excuser et sans demander indulgence, il dit à ces enfants :

— Où en étions-nous?

Et les trois voix s'élevèrent en chœur avec une indicible harmonie.

Timoléon écoutait et restait sans mouvement; pour moi, cachant ma tête et mes yeux, je me mis à rêver avec un attendrissement qui, je ne sais pourquoi, était douloureux. Ce qu'ils chantaient emportait mon âme dans des régions de larmes et de mélancoliques félicités, et, poursuivi peut-être par l'importune idée de mes travaux du soir, je changeais en mobiles images les mobiles modulations des voix. Ce qu'ils chantaient était un de ces chœurs écossais, une des anciennes mélodies des Bardes que chante encore l'écho sonore des Orcades. Pour moi, ce chœur mélancolique s'élevait lentement et s'évaporait tout à coup comme les brouillards des montagnes d'Ossian; ces brouillards qui se forment sur l'écume mousseuse des torrents de l'Arven s'épaississent lentement et semblent se gonfler et se grossir, en montant, d'une oule innombrable de fantômes tourmentés et tordus par les vents. Ce sont des guerriers qui rêvent toujours, le casque appuyé sur la main, et dont les larmes et le sang tombent goutte à goutte dans les eaux noires des rochers; ce sont des beautés pâles dont les cheveux s'allongent en arrière, comme les rayons d'une lointaine comète, et se fondent dans le sein humide de la lune : elles passent vite, et leurs pieds s'évanouissent enveloppés dans les plis vaporeux de leurs robes blanches ; elles n'ont pas d'ailes, et volent. Elles volent en tenant des harpes, elles volent les yeux baissés et la bouche entr'ouverte avec innocence ; elles jettent un cri en passant et se perdent, en montant, dans la douce lumière qui les appelle. Ce sont des navires aériens qui semblent se heurter contre des rives sombres, et se plonger dans des flots épais ; les montagnes se penchent pour les pleurer, et les dogues noirs élèvent leurs têtes difformes et hurlent longuement, en regardant le disque qui tremble au ciel, tandis que la mer secoue les colonnes blanches des Orcades qui sont rangées comme les tuyaux d'un orgue immense, et répandent, sur l'Océan, une harmonie déchirante et mille fois prolongée dans la caverne où les vagues sont enfermées.

La musique se traduisait ainsi en sombres images dans mon âme, bien jeune encore, ouverte à toutes les sympathies et comme amoureuse de ses douleurs fictives.

C'était, d'ailleurs, revenir à la pensée de celui qui avait inventé ces chants tristes et puissants, que de les sentir de la sorte. La famille heureuse éprouvait elle-même la forte émotion qu'elle donnait, et une vibration profonde faisait quelquefois trembler les trois voix.

Le chant cessa, et un long silence lui succéda. La jeune personne, comme fatiguée, s'était appuyée sur l'épaule de son père; sa taille était élevée et un peu ployée, comme par faiblesse; elle était mince, et paraissait avoir grandi trop vite, et sa poitrine, un peu amaigrie, en paraissait affectée. Elle baisait le front chauve, large et ridé de son père, et abandonnait sa main au jeune sous-officier qui la pressait sur ses lèvres.

Comme je me serais bien gardé, par amour-propre, d'avouer tout haut mes rêveries intérieures, je me contentai de dire froidement:

— Que le ciel accorde de longs jours et toutes sortes de bénédictions à ceux qui ont le don de traduire la musique littéralement! Je ne puis trop admirer un homme qui trouve à une symphonie le défaut d'être trop Cartésienne, et à une autre de pencher vers le système de Spinosa ; qui se récrie sur le panthéisme d'un trio et l'utilité d'une ouverture à l'amélioration de la classe la plus nombreuse. Si j'avais le bonheur de savoir comme quoi un bémol de plus à la clef peut rendre un quatuor de flûtes et de bassons plus partisan du Directoire que du Consulat et de l'Empire, je ne parlerais plus, je chanterais éternellement ; je foulerais aux pieds des mots et des phrases, qui ne sont bons tout au plus que pour une centaine de départements, tandis que j'aurais le bonheur de dire mes idées fort clairement à tout l'univers avec mes sept notes. Mais, dépourvu de cette science comme je suis, ma conversation musicale serait si bornée que mon seul parti à prendre est de vous dire, en langue vulgaire, la satisfaction que me cause surtout votre vue et le spectacle de l'accord plein de simplicité et de bonhomie qui règne dans votre famille. C'est au point que ce qui me plaît le plus dans votre petit concert, c'est le plaisir que vous y prenez ; vos âmes me semblent plus belles encore que la plus belle musique que le Ciel ait jamais entendue monter à lui, de notre misérable terre, toujours gémissante.

Je tendais la main avec effusion à ce bon père, et il la serra avec l'expression d'une reconnaissance grave. Ce n'était qu'un vieux soldat, mais il y avait dans son langage et ses manières je ne sais quoi de l'ancien bon ton du monde. La suite me l'expliqua.

— Voici, mon lieutenant, me dit-il, la vie que nous menons ici. Nous nous reposons en chantant, ma fille, moi et mon gendre futur.

Il regardait en même temps ces beaux jeunes gens avec une tendresse toute rayonnante de bonheur.

— Voici, ajouta-t-il d'un air plus grave, en nous montrant un petit portrait, la mère de ma fille.

Nous regardâmes la muraille blanchie de plâtre de la modeste chambre, et nous y vîmes en effet une miniature qui représentait la plus gracieuse, la plus fraîche petite paysanne que jamais Greuze ait douée de grands yeux bleus et de bouche en forme de cerise.

— Ce fut une bien grande dame qui eut autrefois la bonté de faire ce portrait-là, me dit l'Adjudant, et c'est une histoire curieuse que celle de la dot de ma pauvre petite femme.

Et à nos premières prières de raconter son mariage, il nous parla ainsi, autour de trois verres d'absinthe verte qu'il eut soin de nous offrir préalablement et cérémonieusement.

CHAPITRE V.

HISTOIRE DE L'ADJUDANT.

LES ENFANTS DE MONTREUIL ET LE TAILLEUR DE PIERRES.

Vous saurez, mon lieutenant, que j'ai été élevé au village de Montreuil par monsieur le curé de Montreuil lui-même. Il m'avait fait apprendre quelques notes du plain-chant dans le plus heureux temps de ma vie : le temps où j'étais enfant de chœur, où j'avais de grosses joues fraîches et rebondies, que tout le monde tapait en passant; une voix claire, des cheveux blonds poudrés, une blouse et des sabots. Je ne me regarde pas souvent, mais je m'imagine que je ne ressemble plus guère à cela. J'étais fait ainsi pourtant, et je ne pouvais me résoudre à quitter une sorte de clavecin aigre et discord que le vieux curé avait chez lui. Je l'accordais avec assez de justesse d'oreille, et le bon père qui, autrefois, avait été renommé à Notre-Dame pour chanter et enseigner le faux-bourdon, me faisait apprendre un vieux solfége. Quand il était content, il me pinçait les joues à me les rendre bleues, et me disait : — Tiens, Mathurin, tu n'es que le fils d'un paysan et d'une paysanne ; mais si tu sais bien ton catéchisme et ton solfége, et que tu renonces à jouer avec le fusil rouillé de la maison, on pourra faire de toi un maître de musique. Va toujours. — Cela me donnait bon courage, et je frappais de tous mes poings sur les deux pauvres claviers, dont les dièses étaient presque tous muets.

Il y avait des heures où j'avais la permission de me promener et de courir ; mais la récréation la plus douce était d'aller m'asseoir au bout du parc de Montreuil, et de manger mon pain avec les maçons et les ouvriers qui construisaient sur l'avenue de Versailles, à cent pas de la barrière ;

un petit pavillon de musique, par ordre de la Reine.

C'était un lieu charmant, que vous pourrez voir à droite de la route de Versailles, en arrivant. Tout à l'extrémité du parc de Montreuil, au milieu d'une pelouse de gazon, entourée de grands arbres, si vous distinguez un pavillon qui ressemble à une mosquée et à une bonbonnière, c'est cela que j'allais regarder bâtir.

Je prenais par la main une petite fille de mon âge, qui s'appelait Pierrette, que monsieur le curé faisait chanter aussi parce qu'elle avait une jolie voix. Elle emportait une grande tartine que lui donnait la bonne du curé, qui était sa mère, et nous allions regarder bâtir la petite maison que faisait faire la Reine pour la donner à Madame.

Pierrette et moi, nous avions environ treize ans. Elle était déjà si belle, qu'on l'arrêtait sur son chemin pour lui faire compliment, et que j'ai vu de belles dames descendre de carrosse pour lui parler et l'embrasser! Quand elle avait un fourreau rouge relevé dans ses poches, et bien serré de la ceinture, on voyait bien ce que sa beauté serait un jour. Elle n'y pensait pas, et elle m'aimait comme son frère.

Nous sortions toujours en nous tenant par la main depuis notre petite enfance, et cette habitude était si bien prise, que de ma vie je ne lui donnai le bras. Notre coutume d'aller visiter les ouvriers nous fit faire la connaissance d'un jeune tailleur de pierres, plus âgé que nous de huit ou dix ans. Il nous faisait asseoir sur un moellon ou par terre à côté de lui, et quand il avait une grande pierre à scier, Pierrette jetait de l'eau sur la scie, et j'en prenais l'extrémité pour l'aider; aussi ce fut mon meilleur ami dans ce monde. Il était d'un caractère très-paisible, très-doux, et quelquefois un peu gai, mais pas souvent. Il avait fait une petite chanson sur les pierres qu'il taillait, et sur ce qu'elles étaient plus dures que le cœur de Pierrette, et il jouait en cent façons sur ces mots de Pierre, de Pierrette, de Pierrerie, de Pierrier, de Pierrot, et cela nous faisait beaucoup rire tous trois. C'était un grand garçon grandissant encore, tout pâle et dégingandé, avec de longs bras et de grandes jambes, et qui quelquefois avait l'air de ne pas penser à ce qu'il faisait. Il aimait son métier, disait-il, parce qu'il pouvait gagner sa journée en conscience, ayant songé à autre chose jusqu'au coucher du soleil. Son père, architecte, s'était si bien ruiné, je ne sais comment, qu'il fallait que le fils reprît son état par le commencement, et il s'y était fort paisiblement résigné. Lorsqu'il taillait un gros bloc, ou le sciait en long, il commençait toujours une petite chanson dans laquelle il y avait toute une historiette qu'il bâtissait à mesure qu'il allait, en vingt ou trente couplets, plus ou moins.

Quelquefois il me disait de me promener devant lui avec Pierrette, et il nous faisait chanter ensemble, nous apprenant à chanter en partie ; ensuite il s'amusait à me faire mettre à genoux devant Pierrette, la main sur son cœur, et il faisait les paroles d'une petite scène qu'il nous fallait redire après lui. Cela ne l'empêchait pas de bien connaître son état, car il ne fut pas un an sans devenir maître maçon. Il avait à nourrir, avec son équerre et son marteau, sa pauvre mère et deux petits frères qui venaient le regarder travailler avec nous. Quand il voyait autour de lui tout son petit monde, cela lui donnait du courage et de la gaieté. Nous l'appelions Michel ; mais pour vous dire tout de suite la vérité, il s'appelait Michel-Jean Sedaine.

CHAPITRE VI.

UN SOUPIR.

— Hélas! dis-je, voilà un poëte bien à sa place.

La jeune personne et le sous-officier se regardèrent, comme affligés de voir interrompre leur bon père; mais le digne Adjudant reprit la suite de son histoire, après avoir relevé de chaque côté la cravate noire qu'il portait, doublée d'une cravate blanche, attachée militairement.

CHAPITRE VII.

LA DAME ROSE.

C'est une chose qui me paraît bien certaine, mes chers enfants, dit-il en se tournant du côté de sa fille, que le soin que la Providence a daigné prendre de composer ma vie comme elle l'a été. Dans les orages sans nombre qui l'ont agitée, je puis dire, en face de toute la terre, que je n'ai jamais manqué de me fier à Dieu et d'en attendre du secours, après m'être aidé de toutes mes forces. Aussi, vous dis-je, en marchant sur les flots agités, je n'ai pas mérité d'être appelé *homme de peu de foi*, comme le fut l'apôtre; et quand mon pied s'enfonçait, je levais les yeux, et j'étais relevé.

(Ici je regardai Timoléon. — Il vaut mieux que nous, dis-je tout bas.) — Il poursuivit :

— Monsieur le curé de Montreuil m'aimait beaucoup, j'étais traité par lui avec une amitié si paternelle, que j'avais oublié entièrement que j'étais né, comme il ne cessait de me le rappeler, d'un pauvre paysan et d'une pauvre paysanne, enlevés presque en même temps de la petite vérole, que je n'avais même pas vus. A seize ans, j'étais sauvage et sot, mais je savais un peu de latin, beaucoup de musique, et, dans toute sorte de travaux de jardinage, on me trouvait assez adroit. Ma vie était fort douce et fort heureuse, parce que Pierrette était toujours là, et que je la regardais toujours en travaillant, sans lui parler beaucoup cependant.

Un jour que je taillais les branches d'un des hêtres du parc, et que je liais un petit fagot, Pierrette me dit :

— Oh! Mathurin, j'ai peur. Voilà deux jolies dames qui viennent devers nous par le bout de l'allée. Comment allons-nous faire?

Je regardai, et en effet je vis deux jeunes femmes qui marchaient vite sur les feuilles sèches, et ne se donnaient pas le bras. Il y en avait une un peu plus grande que l'autre, vêtue d'une petite robe de soie rose. Elle courait presque en marchant, et l'autre, tout en l'accompagnant, marchait presque en arrière. Par instinct, je fus saisi d'effroi comme un pauvre petit paysan que j'étais, et je dis à Pierrette :

— Sauvons-nous !

Mais bah ! nous n'eûmes pas le temps, et ce qui redoubla ma peur, ce fut de voir la dame rose faire signe à Pierrette, qui devint toute rouge et n'osa pas bouger, et me prit bien vite par la main pour se raffermir. Moi, j'ôtai mon bonnet et je m'adossai contre l'arbre, tout saisi.

Quand la dame rose fut tout à fait arrivée sur nous, elle alla tout droit à Pierrette, et, sans façon, elle lui prit le menton, pour la montrer à l'autre dame, en disant :

— Eh ! je vous le disais bien : c'est tout mon costume de laitière pour jeudi. — La jolie petite fille que voilà! Mon enfant, tu donneras tous tes habits, comme les voici, aux gens qui viendront te les demander de ma part, n'est-ce pas? je t'enverrai les miens en échange.

— Oh! madame, dit Pierrette en reculant.

L'autre jeune dame se mit à sourire d'un air fin, tendre et mélancolique, dont l'expression touchante est ineffaçable pour moi. Elle s'avança, la tête penchée, et, prenant doucement le bras nu de Pierrette, elle lui dit de s'approcher, et qu'il fallait que tout le monde fît la volonté de cette dame-là.

— Ne va pas t'aviser de rien changer à ton costume, ma belle petite, reprit la dame rose, en la menaçant d'une petite canne de jonc à pomme d'or qu'elle tenait à la main. Voilà un grand garçon qui sera soldat, et je vous marierai.

Elle était si belle, que je me souviens de la tentation incroyable que j'eus de me mettre à genoux; vous en rirez et j'en ai ri souvent depuis en moi-même; mais, si vous l'aviez vue, vous auriez compris ce que je dis. Elle avait l'air d'une petite fée bien bonne.

Elle parlait vite et gaiement, et, en donnant une petite tape sur la joue de Pierrette, elle nous laissa là tous les deux tout interdits et tout imbéciles, ne sachant que faire ; et nous vîmes les deux dames suivre l'allée du côté de Montreuil, et s'enfoncer dans le parc derrière le petit bois.

Alors nous nous regardâmes, et, en nous tenant toujours par la main, nous rentrâmes chez monsieur le curé ; nous ne disions rien, mais nous étions bien contents.

Pierrette était toute rouge, et moi je baissais la tête. Il nous demanda ce que nous avions ; je lui dis d'un grand sérieux :

— Monsieur le curé, je veux être soldat.

Il pensa en tomber à la renverse, lui qui m'avait appris le solfége !

— Comment, mon cher enfant, me dit-il, tu veux me quitter ! Ah ! mon Dieu ! Pierrette, qu'est-ce qu'on lui a donc fait, qu'il veut être soldat ? Est-ce que tu ne m'aimes plus, Mathurin ? Est-ce que tu n'aimes plus Pierrette non plus ? Qu'est-ce que nous t'avons donc fait, dis ? et que vas-tu faire de la belle éducation que je t'ai donnée? C'était bien du temps perdu assurément. Mais réponds donc, méchant sujet! ajoutait-il en me secouant le bras.

Je me grattais la tête, et je disais toujours en regardant mes sabots :

— Je veux être soldat.

La mère de Pierrette apporta un grand verre d'eau froide à monsieur le curé, parce qu'il était devenu tout rouge, et elle se mit à pleurer.

Pierrette pleurait aussi et n'osait rien dire; mais elle n'était pas fâchée contre moi, parce qu'elle savait bien que c'était pour l'épouser que je voulais partir.

Dans ce moment-là, deux grands laquais poudrés entrèrent avec une femme de chambre qui avait l'air d'une dame, et ils demandèrent si la petite avait préparé les hardes que la Reine et madame la princesse de Lamballe lui avaient demandées.

Le pauvre curé se leva si troublé qu'il ne put se tenir une minute debout, et Pierrette et sa mère tremblèrent si fort qu'elles n'osèrent pas ouvrir une cassette qu'on leur envoyait en échange du fourreau et du bavolet, et elles allèrent à la toilette à peu près comme on va se faire fusiller.

Seul avec moi, le curé me demanda ce qui s'était passé, et je le lui dis comme je vous l'ai conté, mais un peu plus brièvement.

— Et c'est pour cela que tu veux partir, mon fils? me dit-il en me prenant les deux mains ; mais songe donc que la plus grande dame de l'Europe n'a parlé ainsi à un petit paysan comme toi que par distraction, et ne sait seulement pas ce qu'elle t'a dit. Si on lui racontait que tu as pris cela pour un ordre ou pour un horoscope, elle dirait que tu es un grand benêt, et que tu peux être jardinier toute la vie, que cela lui est égal. Ce que tu gagnes en jardinant, et ce que tu gagnerais en enseignant la musique vocale, t'appartiendrait, mon ami; au lieu que ce que tu gagneras dans un régiment ne t'appartiendra pas, et tu auras mille occasions de le dépenser en plaisirs défendus par la religion et la morale; tu perdras tous les bons principes que je t'ai donnés, et tu me forceras à rougir de toi. Tu reviendras (si tu reviens) avec un autre caractère que celui que tu as reçu en naissant. Tu étais doux, modeste, docile ; tu seras rude, impudent et tapageur. La petite Pierrette ne se soumettra certainement pas à être la femme d'un mauvais garnement, et sa mère l'en empêcherait quand elle le voudrait ; et moi, que pourrai-je faire pour toi, si tu oublies tout à fait la Providence? Tu l'oublieras, vois-tu, la Providence, je t'assure que tu finiras par là.

Je demeurai les yeux fixés sur mes sabots et les sourcils froncés en faisant la moue, et je dis, en me grattant la tête :

— C'est égal, je veux être soldat.

Le bon curé n'y tint pas, et ouvrant la porte toute grande, il me montra le grand chemin avec tristesse. — Je compris sa pantomime, et je sortis. J'en aurais fait autant à sa place, assurément. Mais je le pense à présent, et ce jour-là je ne le pensais pas. Je mis mon bonnet de coton sur l'oreille droite, je relevai le collet de ma blouse, je pris mon bâton, et je m'en allai tout droit à un petit cabaret, sur l'avenue de Versailles, sans dire adieu à personne.

CHAPITRE VIII.

LA POSITION DU PREMIER RANG.

Dans ce petit cabaret, je trouvai trois braves dont les chapeaux étaient galonnés d'or, l'uniforme blanc, les revers roses, les moustaches cirées de noir, les cheveux tout poudrés à frimas, et qui parlaient aussi vite que des vendeurs d'orviétan. Ces trois braves étaient d'honnêtes racoleurs. Ils me dirent que je n'avais qu'à m'asseoir à table avec eux pour avoir une idée juste du bonheur parfait que l'on goûtait éternellement dans le Royal-Auvergne. Ils me firent manger du poulet, du chevreuil et des perdreaux, boire du vin de Bordeaux et de Champagne, et du café excellent: ils me jurèrent sur leur honneur que, dans le Royal-Auvergne, je n'en aurais jamais d'autres.

Je vis bien depuis qu'ils avaient dit vrai.

Ils me jurèrent aussi, car ils juraient infiniment, que l'on jouissait de la plus douce liberté dans le Royal-Auvergne; que les soldats y étaient incomparablement plus heureux que les capitaines des autres corps; qu'on y jouissait d'une société fort agréable en hommes et en belles dames, et qu'on y faisait beaucoup de musique, et surtout qu'on y appréciait fort ceux qui jouaient du *piano*. Cette dernière circonstance me décida.

Le lendemain j'avais donc l'honneur d'être soldat au Royal-Auvergne. C'était un assez beau corps, il est vrai, mais je ne voyais plus ni Pierrette, ni monsieur le curé. Je demandai du poulet à dîner, et l'on me donna à manger cet agréable mélange de pommes de terre, de mouton et de pain qui se nommait, se nomme et sans doute se nommera toujours *la Ratatouille*. On me fit apprendre la position du soldat sans armes avec une perfection si grande, que je servis de modèle, depuis, au dessinateur qui fit les planches de l'ordonnance de 1791, ordonnance qui, vous le savez, mon lieutenant, est un chef-d'œuvre de précision. On m'apprit l'école du soldat et l'école de peloton de manière à exécuter les charges en douze temps, les charges précipitées et les charges à volonté, en comptant ou sans compter les mouvements, aussi parfaitement que le plus roide des caporaux du roi de Prusse, Frédéric le Grand, dont les vieux se souvenaient encore avec l'attendrissement de gens qui aiment ceux qui les battent. On me fit l'honneur de me promettre que, si je me comportais bien, je finirais par être admis dans la première compagnie de grenadiers. — J'eus bientôt une queue poudrée qui tombait sur ma veste blanche assez noblement ; mais je ne voyais plus jamais ni Pierrette, ni sa mère, ni monsieur le curé de Montreuil, et je ne faisais point de musique.

Un beau jour, comme j'étais consigné à la caserne même où nous voici, pour avoir fait trois fautes dans le maniement d'armes, on me plaça dans la position des feux du premier rang, un genou sur le pavé, ayant en face de moi un soleil éblouissant et superbe que j'étais forcé de coucher en joue, dans une immobilité parfaite, jusqu'à ce que la fatigue me fît ployer les bras à la saignée ; et j'étais encouragé à soutenir mon arme par la présence d'un honnête caporal, qui de temps en temps soulevait ma baïonnette avec sa crosse quand elle s'abaissait ; c'était une petite punition de l'invention de M. de Saint-Germain.

Il y avait vingt minutes que je m'appliquais à atteindre le plus haut degré de pétrification possible, dans cette attitude, lorsque je vis au bout de mon fusil la figure douce et paisible de mon bon ami Michel, le tailleur de pierres.

— Tu viens bien à propos, mon ami, lui dis-je, et tu me rendrais un grand service si tu voulais bien, sans qu'on s'en aperçût, mettre un moment ta canne sous ma baïonnette. Mes bras s'en trouveraient mieux, et ta canne ne s'en trouverait pas plus mal.

— Ah ! Mathurin, mon ami, me dit-il, te voilà bien puni d'avoir quitté Montreuil ; tu n'as plus les conseils et les lectures du bon curé, et tu vas oublier tout à fait cette musique que tu aimais tant, et celle de la parade ne la vaudra certainement pas.

— C'est égal, dis-je, en élevant le bout du canon de mon fusil, et le dégageant de sa canne, par orgueil ; c'est égal, on a son idée.

— Tu ne cultiveras plus les espaliers et les belles pêches de Montreuil avec ta Pierrette, qui est bien aussi fraîche qu'elles, et dont la lèvre porte aussi comme elles un petit duvet.

— C'est égal, dis-je encore, j'ai mon idée.

— Tu passeras bien longtemps à genoux, à tirer sur rien, avec une pierre de bois, avant d'être seulement caporal.

— C'est égal, dis-je encore, si j'avance lentement, toujours est-il vrai que j'avancerai ; tout vient à point à qui sait attendre, comme on dit, et quand je serai sergent je serai quelque chose, et j'épouserai Pierrette. Un sergent c'est un seigneur, et à tout seigneur tout honneur.

Michel soupira.

— Ah! Mathurin! Mathurin! me dit-il, tu n'es pas sage, et tu as trop d'orgueil et d'ambition, mon ami; n'aimerais-tu pas mieux être remplacé, si quelqu'un payait pour toi, et venir épouser ta petite Pierrette?

— Michel! Michel! lui dis-je, tu t'es beaucoup gâté dans le monde; je ne sais pas ce que tu y fais, et tu ne m'as plus l'air d'y être maçon, puisqu'au lieu d'une veste tu as un habit noir de taffetas; mais tu ne m'aurais pas dit ça dans le temps où tu répétais toujours : Il faut faire son sort soi-même. — Moi je ne veux pas l'épouser avec l'argent des autres, et je fais moi-même mon sort, comme tu vois. — D'ailleurs, c'est la Reine qui m'a mis ça dans la tête, et la Reine ne peut pas se tromper en jugeant ce qui est bien à faire. Elle a dit elle-même : Il sera soldat, et je les marierai; elle n'a pas dit : Il reviendra après avoir été soldat.

— Mais, me dit Michel, si par hasard la Reine te voulait donner de quoi l'épouser, le prendrais-tu?

— Non, Michel, je ne prendrais pas son argent, si par impossible elle le voulait.

— Et si Pierrette gagnait elle-même sa dot? reprit-il.

— Oui, Michel, je l'épouserais tout de suite, dis-je.

Ce bon garçon avait l'air tout attendri.

— Eh bien! reprit-il, je dirai cela à la Reine.

— Est-ce que tu es fou, lui dis-je, ou domestique dans sa maison?

— Ni l'un ni l'autre, Mathurin, quoique je ne taille plus la pierre.

— Que tailles-tu donc? disais-je.

— Hé! je taille des pièces, du papier et des plumes.

— Bah! dis-je, est-il possible?

— Oui, mon enfant, je fais de petites pièces toutes simples, et bien aisées à comprendre. Je te ferai voir tout ça.

En effet, dit Timoléon, en interrompant l'Adjudant, les ouvrages de ce bon Sedaine ne sont pas construits sur des questions bien difficiles ; on n'y trouve aucune synthèse sur le fini et l'infini, sur les causes finales, l'association des idées et l'identité personnelle ; on n'y tue pas des rois et des reines par le poison ou l'échafaud ; ça ne s'appelle pas de noms sonores environnés de leur traduction philosophique ; mais ça se nomme *Blaise, l'Agneau perdu, le Déserteur;* ou bien *le Jardinier et son Seigneur, la Gageure imprévue;* ce sont des gens tout simples, qui parlent vrai, qui sont *philosophes sans le savoir,* comme Sedaine lui-même, que je trouve plus grand qu'on ne l'a fait.

Je ne répondis pas.

———

L'Adjudant reprit :

— Eh bien, tant mieux ! dis-je, j'aime autant te voir travailler ça que tes pierres de taille.

— Ah ! ce que je bâtissais valait mieux que ce que je construis à présent. Ça ne passait pas de mode, et ça restait plus longtemps debout. Mais en tombant, ça pouvait écraser quelqu'un; au lieu qu'à présent, quand ça tombe, ça n'écrase personne.

— C'est égal, je suis toujours bien aise, dis-je.....

— C'est-à-dire, aurais-je dit, car le caporal vint donner un si terrible coup de crosse dans la canne de mon ami Michel qu'il l'envoya là-bas, tenez, là-bas, près de la poudrière.

En même temps il ordonna six jours de salle de police pour le factionnaire qui avait laissé entrer un bourgeois.

Sedaine comprit bien qu'il fallait s'en aller; il ramassa paisiblement sa canne, et, en sortant du côté du bois, il me dit :

— Je t'assure, Mathurin, que je conterai tout ceci à la Reine.

CHAPITRE IX.

UNE SÉANCE.

Ma petite Pierrette était une belle petite fille, d'un caractère décidé, calme et honnête. Elle ne se déconcertait pas trop facilement, et depuis qu'elle avait parlé à la Reine, elle ne se laissait plus aisément faire la leçon; elle savait bien dire à monsieur le curé et à sa bonne qu'elle voulait épouser Mathurin, et elle se levait la nuit pour travailler à son trousseau, tout comme si je n'avais pas été mis à la porte pour longtemps, sinon pour toute ma vie.

Un jour (c'était le lundi de Pâques, elle s'en était toujours souvenue, la pauvre Pierrette, et me l'a raconté souvent), un jour donc qu'elle était assise devant la porte de monsieur le curé, travaillant et chantant comme si de rien n'était, elle vit arriver vite, vite, un beau carrosse dont les six chevaux trottaient dans l'avenue, d'un train merveilleux, montés par deux petits postillons poudrés et roses, très-jolis et si petits qu'on ne voyait de loin que leurs grosses bottes à l'écuyère. Ils portaient de gros bouquets à leur jabot, et les chevaux portaient aussi de gros bouquets sur l'oreille.

Ne voilà-t-il pas que l'écuyer qui courait en avant des chevaux s'arrêta précisément devant la porte de monsieur le curé, où la voiture eut la bonté de s'arrêter aussi, et daigna s'ouvrir toute grande. Il n'y avait personne dedans. Comme Pierrette regardait avec de grands yeux, l'écuyer ôta son chapeau très-poliment et la pria de vouloir bien monter en carrosse.

Vous croyez peut-être que Pierrette fit des façons? Point du tout; elle avait trop de bon sens pour cela. Elle ôta simplement ses deux sabots, qu'elle laissa sur le pas de la porte, mit ses souliers à boucles d'argent, ploya proprement son ouvrage, et monta dans le carrosse en s'appuyant sur le bras du valet de pied, comme si elle n'eût fait autre chose de sa vie, parce que, depuis qu'elle avait changé de robe avec la Reine, elle ne doutait plus de rien.

Elle m'a dit souvent qu'elle avait eu deux grandes frayeurs dans la voiture : la première, parce qu'on allait si vite que les arbres de l'avenue de Montreuil lui paraissaient courir comme des fous l'un après l'autre ; la seconde, parce qu'il lui semblait qu'en s'asseyant sur les coussins blancs du carrosse, elle y laisserait une tache bleue et jaune de la couleur de son jupon. Elle le releva dans ses poches, et se tint toute droite au bord du coussin, nullement tourmentée de son aventure et devinant bien qu'en pareille circonstance il est bon de faire ce que tout le monde veut, franchement et sans hésiter.

D'après ce sentiment juste de sa position que lui donnait une nature heureuse, douce et disposée au bien et au vrai en toute chose, elle se laissa parfaitement donner le bras par l'écuyer et conduire à Trianon, dans les appartements dorés, où seulement elle eut soin de marcher sur la pointe du pied, par égard pour les parquets de bois de citron et de bois des Indes qu'elle craignait de rayer avec ses clous.

Quand elle entra dans la dernière chambre, elle entendit un petit rire joyeux de deux voix très-douces, ce qui l'intimida bien un peu et lui fit battre le cœur assez vivement; mais, en entrant, elle se trouva rassurée tout de suite, ce n'était que son amie la Reine.

Madame de Lamballe était avec elle, mais assise dans une embrasure de fenêtre et établie devant un pupitre de peintre en miniature. Sur le tapis vert du pupitre, un ivoire tout préparé; près de l'ivoire, des pinceaux; près des pinceaux, un verre d'eau.

— Ah! la voilà! dit la Reine d'un air de fête, et elle courut lui prendre les deux mains.

— Comme elle est fraîche, comme elle est

jolie! Le joli petit modèle que cela fait pour vous! Allons, ne la manquez pas, madame de Lamballe!
— Mets-toi là, mon enfant.

Et la belle Marie-Antoinette la fit asseoir de force sur une chaise. Pierrette était tout à fait interdite, et sa chaise si haute que ses petits pieds pendaient et se balançaient.

— Mais voyez donc comme elle se tient bien, continuait la Reine, elle ne se fait pas dire deux fois ce qu'on veut, je gage qu'elle a de l'esprit. Tiens-toi droite, mon enfant, et écoute-moi. Il va venir deux messieurs ici. Que tu les connaisses ou non, cela ne fait rien, et cela ne te regarde pas. Tu feras tout ce qu'ils te diront de faire. Je sais que tu chantes, tu chanteras. Quand ils te diront d'entrer et de sortir, d'aller et de venir, tu entreras, tu sortiras, tu iras, tu viendras, bien exactement, entends-tu? Tout cela c'est pour ton bien. Madame et moi nous les aiderons à t'enseigner quelque chose que je sais bien, et nous ne te demandons pour nos peines que de poser tous les jours une heure devant madame; cela ne t'afflige pas trop fort, n'est-ce pas?

Pierrette ne répondait qu'en rougissant et en pâlissant à chaque parole; mais elle était si contente qu'elle aurait voulu embrasser la petite Reine comme sa camarade.

Comme elle posait, les yeux tournés vers la porte, elle vit entrer deux hommes, l'un gros et l'autre grand. Quand elle vit le grand, elle ne put s'empêcher de crier : Tiens! c'est...

Mais elle se mordit le doigt pour se faire taire.

— Eh bien, comment la trouvez-vous, messieurs? dit la Reine; me suis-je trompée?

— N'est-ce pas que c'est *Rose* même? dit Sedaine.

— Une seule note, madame, dit le plus gros des deux, et je saurai si c'est la Rose de Monsigny, comme elle est celle de Sedaine.

— Voyons, ma petite, répétez cette gamme, dit Grétry en chantant *ut, ré, mi, fa, sol*.

Pierrette la répéta.

— Elle a une voix divine, madame, dit-il.

La Reine frappa des mains et sauta.

— Elle gagnera sa dot, dit-elle.

CHAPITRE X.

UNE BELLE SOIRÉE.

Ici l'honnête Adjudant goûta un peu de son petit verre d'absinthe, en nous engageant à l'imiter, et, après avoir essuyé sa moustache blanche avec un mouchoir rouge et l'avoir tournée un instant dans ses gros doigts, il poursuivit ainsi :

— Si je savais faire des surprises, mon lieutenant, comme on en fait dans les livres, et faire attendre la fin d'une histoire en tenant la dragée haute aux auditeurs, et puis la faire goûter du bout des lèvres, et puis la relever, et puis la donner tout entière à manger, je trouverais une manière nouvelle de vous dire la suite de ceci ; mais je vais de fil en aiguille, tout simplement comme a été ma vie de jour en jour, et je vous dirai que depuis le jour où mon pauvre Michel était venu me voir ici à Vincennes, et m'avait trouvé dans la position du premier rang, je maigris d'une manière ridicule, parce que je n'entendis plus parler de notre petite famille de Montreuil, et que je vins à penser que Pierrette m'avait oublié tout à fait. Le régiment d'Auvergne était à Orléans depuis trois mois, et le mal du pays commençait à m'y prendre. Je jaunissais à vue d'œil et je ne pouvais plus soutenir mon fusil. Mes camarades commençaient à me prendre en grand mépris, comme on prend ici toute maladie, vous le savez.

Il y en avait qui me dédaignaient parce qu'ils me croyaient très-malade, d'autres parce qu'ils soutenaient que je faisais semblant de l'être, et, dans ce dernier cas, il ne me restait d'autre parti que de mourir pour prouver que je disais vrai, ne pouvant pas me rétablir tout à coup ni être assez mal pour me coucher; fâcheuse position...

Un jour un officier de ma compagnie vint me trouver, et me dit :

— Mathurin, toi qui sais lire, lis un peu cela.

Et il me conduisit sur la place de Jeanne d'Arc, place qui m'est chère, où je lus une grande affiche de spectacle sur laquelle on avait imprimé ceci :

PAR ORDRE.

« Lundi prochain, représentation extraordi-
« naire d'Irène, pièce nouvelle de M. DE VOLTAIRE,
« et de ROSE ET COLAS, par M. SEDAINE, musique de
« M. MONSIGNY, au bénéfice de mademoiselle Co-
« lombe, célèbre cantatrice de la Comédie-Ita-
« lienne, laquelle paraîtra dans la seconde pièce.
« SA MAJESTÉ LA REINE a daigné promettre qu'elle
« honorerait le spectacle de sa présence. »

— Eh bien, dis-je, mon capitaine, qu'est-ce que cela peut me faire, ça ?

— Tu es un bon sujet, me dit-il, tu es beau garçon ; je te ferai poudrer et friser pour te donner un peu meilleur air, et tu seras placé en faction à la porte de la loge de la Reine.

Ce qui fut dit fut fait. L'heure du spectacle venue, me voilà dans le corridor, en grande tenue du régiment d'Auvergne, sur un tapis bleu, au milieu des guirlandes de fleurs en festons qu'on avait disposées partout, et des lis épanouis, sur chaque marche des escaliers du théâtre. Le directeur courait de tous côtés avec un air tout joyeux et agité. C'était un petit homme gros et rouge, vêtu d'un habit de soie bleu de ciel, avec un jabot florissant et faisant la roue. Il s'agitait en tous sens, et ne cessait de se mettre à la fenêtre en disant :

— Ceci est la livrée de madame la duchesse de Montmorency; ceci, le coureur de M. le duc de Lauzun; M. le prince de Guémenée vient d'arriver; M. de Lambesc vient après. Vous avez vu? vous savez? Qu'elle est bonne, la Reine! Que la Reine est bonne !

Il passait et repassait effaré, cherchant Grétry, et le rencontra nez à nez dans le corridor, précisément en face de moi.

— Dites-moi, monsieur Grétry, mon cher monsieur Grétry, dites-moi, je vous en supplie, s'il ne m'est pas possible de parler à cette célèbre cantatrice que vous m'amenez. Certainement il n'est pas permis à un ignare et non lettré comme moi d'élever le plus léger doute sur son talent, mais encore voudrais-je bien apprendre de vous qu'il n'y a pas à craindre que la Reine ne soit mécontente. On n'a pas répété.

— Hé! hé! répondit Grétry d'un air de persiflage, il m'est impossible de vous répondre là-dessus, mon cher monsieur; ce que je puis vous assurer, c'est que vous ne la verrez pas. Une actrice comme celle-là, monsieur, c'est une enfant gâtée. Mais vous la verrez quand elle entrera en scène. D'ailleurs, quand ce serait une autre que mademoiselle Colombe, qu'est-ce que cela vous fait?

— Comment, monsieur, moi, directeur du théâtre d'Orléans, je n'aurais pas le droit?... reprit-il en se gonflant les joues.

— Aucun droit, mon brave directeur, dit Grétry. Eh! comment se fait-il que vous doutiez un moment d'un talent dont Sedaine et moi avons répondu, poursuivit-il avec plus de sérieux.

Je fus bien aise d'entendre ce nom cité avec autorité, et je prêtai plus d'attention.

Le directeur, en homme qui savait son métier, voulait profiter de la circonstance.

— Mais on me compte donc pour rien? disait-il; mais de quoi ai-je l'air? J'ai prêté mon théâtre avec un plaisir infini, trop heureux de voir l'auguste princesse qui...

— A propos, dit Grétry, vous savez que je suis chargé de vous annoncer que ce soir la Reine vous fera remettre une somme égale à la moitié de la recette générale.

Le directeur saluait avec une inclination profonde en reculant toujours, ce qui prouvait le plaisir que lui faisait cette nouvelle.

— Fi donc! monsieur, fi donc! je ne parle pas de cela, malgré le respect avec lequel je recevrai cette faveur; mais vous ne m'avez rien fait espérer qui vînt de votre génie, et...

— Vous savez aussi qu'il est question de vous pour diriger la Comédie-Italienne à Paris.

— Ah! monsieur Grétry...

— On ne parle que de votre mérite à la cour; tout le monde vous y aime beaucoup, et c'est pour cela que la Reine a voulu voir votre théâtre. Un directeur est l'âme de tout; de lui vient le génie des auteurs, celui des compositeurs, des acteurs, des décorateurs, des dessinateurs, des allumeurs et des balayeurs; c'est le principe et la fin de tout; la Reine le sait bien. Vous avez triplé vos places, j'espère?

— Mieux que cela, monsieur Grétry; elles sont à un louis; je ne pouvais pas manquer de respect à la cour au point de les mettre à moins.

En ce moment même tout retentit d'un grand bruit de chevaux et de grands cris de joie, et la Reine entra si vite, que j'eus à peine le temps de présenter les armes, ainsi que la sentinelle placée devant moi. De beaux seigneurs parfumés la suivaient, et une jeune femme, que je reconnus pour celle qui l'accompagnait à Montreuil.

Le spectacle commença tout de suite. Le Kain et cinq autres acteurs de la Comédie-Française étaient venus jouer la tragédie d'*Irène*, et je m'aperçus que cette tragédie allait toujours son train, parce que la Reine parlait et riait tout le temps qu'elle dura. On n'applaudissait pas, par respect pour elle, comme c'est l'usage encore, je crois, à la cour. Mais quand vint l'opéra-comique, elle ne dit plus rien, et personne ne souffla dans sa loge.

Tout d'un coup j'entendis une grande voix de femme qui s'élevait de la scène, et qui me remua les entrailles; je tremblai, et je fus forcé de m'appuyer sur mon fusil. Il n'y avait qu'une voix comme celle-là dans le monde, une voix venant du cœur, et résonnant dans la poitrine comme une harpe, une voix de passion.

J'écoutai, en appliquant mon oreille contre la porte, et à travers le rideau de gaze de la petite lucarne de la loge, j'entrevis les comédiens et la pièce qu'ils jouaient; il y avait une petite personne qui chantait :

> Il était un oiseau gris
> Comme un' souris.

> Qui, pour loger ses petits,
> Fit un p'tit
> Nid.

Et disait à son amant :

> Aimez-moi, aimez-moi, mon p'tit roi.

Et, comme il était assis sur la fenêtre, elle avait peur que son père endormi ne se réveillât et ne vît Colas; et elle changeait le refrain de sa chanson, et elle disait :

> Ah! r'montez vos jambes, car on les voit.

J'eus un frisson extraordinaire par tout le corps quand je vis à quel point cette Rose ressemblait à Pierrette; c'était sa taille, c'était son même habit, son trousseau rouge et bleu, son jupon blanc, son petit air délibéré et naïf, sa jambe si bien faite, et ses petits souliers à boucles d'argent avec ses bas rouge et bleu.

Mon Dieu, me disais-je, comme il faut que ces actrices soient habiles pour prendre ainsi tout de suite l'air des autres! Voilà cette fameuse mademoiselle Colombe, qui loge dans un bel hôtel, qui est venue ici en poste, qui a plusieurs laquais, et qui va dans Paris vêtue comme une duchesse, et elle ressemble autant que cela à Pierrette! mais on voit bien tout de même que ce n'est pas elle. Ma pauvre Pierrette ne chantait pas si bien, quoique sa voix soit au moins aussi jolie.

Je ne pouvais pas cependant cesser de regarder à travers la glace, et j'y restai jusqu'au moment où l'on me poussa brusquement la porte sur le visage. La Reine avait trop chaud, et voulait que sa loge fût ouverte. J'entendis sa voix; elle parlait vite et haut.

— Je suis bien contente, le Roi s'amusera bien de notre aventure. Monsieur le premier gentilhomme de la chambre peut dire à mademoiselle Colombe qu'elle ne se repentira pas de m'avoir laissée faire les honneurs de son nom. — Oh! que cela m'amuse!

— Ma chère princesse, disait-elle à madame de Lamballe, nous avons attrapé tout le monde ici... Tout ce qui est là fait une bonne action sans s'en douter. Voilà ceux de la bonne ville d'Orléans enchantés de la grande cantatrice, et toute la cour qui voudrait l'applaudir. Oui, oui, applaudissons.

En même temps elle donna le signal des applaudissements, et toute la salle, ayant les mains déchaînées, ne laissa plus passer un mot de *Rose* sans l'applaudir à tout rompre. La charmante Reine était ravie.

— C'est ici, dit-elle à M. de Biron, qu'il y a trois mille amoureux, mais ils le sont de Rose et non de moi cette fois.

La pièce finissait et les femmes en étaient à jeter leurs bouquets sur Rose.

— Et le véritable amoureux où est-il donc? dit la Reine à M. le duc de Lauzun. Il sortit de la loge et fit signe à mon capitaine, qui rôdait dans le corridor.

Le tremblement me reprit; je sentais qu'il allait m'arriver quelque chose, sans oser le prévoir ou le comprendre, ou seulement y penser.

Mon capitaine salua profondément et parla bas

à M. de Lauzun. La Reine me regarda; je m'appuyai sur le mur pour ne pas tomber. On montait l'escalier et je vis Michel Sedaine suivi de Grétry et du directeur important et sot; ils conduisaient Pierrette, la vraie Pierrette, ma Pierrette à moi, ma sœur, ma femme, ma Pierrette de Montreuil.

Le directeur cria de loin : — Voici une belle soirée de dix-huit mille francs !

La Reine se retourna, et, parlant hors de sa loge d'un air tout à la fois plein de franche gaieté et d'une bienfaisante finesse, elle prit la main de Pierrette.

— Viens, mon enfant, dit-elle, il n'y a pas d'autre état qui fasse gagner sa dot en une heure de temps sans péché. Je reconduirai demain mon élève à M. le curé de Montreuil, qui nous absoudra toutes les deux, j'espère. Il te pardonnera bien d'avoir joué la comédie une fois dans ta vie, c'est le moins que puisse faire une femme honnête.

Ensuite elle me salua. Me saluer ! moi, qui étais plus d'à moitié mort, quelle cruauté !

— J'espère, dit-elle, que M. Mathurin voudra bien accepter à présent la fortune de Pierrette; je n'y ajoute rien, elle l'a gagnée elle-même.

CHAPITRE XI.

FIN DE L'HISTOIRE DE L'ADJUDANT.

Ici le bon Adjudant se leva pour prendre le portrait, qu'il nous fit passer encore une fois de main en main.

— La voilà, disait-il, dans le même costume, ce bavolet et ce mouchoir au cou ; la voilà telle que voulut bien la peindre madame la princesse de Lamballe. C'est ta mère, mon enfant, disait-il à la belle personne qu'il avait près de lui sur son genou ; elle ne joua plus la comédie, car elle ne put jamais savoir que ce rôle de *Rose et Colas* enseigné par la Reine.

Il était ému. Sa vieille moustache blanche

tremblait un peu, et il y avait une larme dessus.

— Voilà une enfant qui a tué sa pauvre mère en naissant, ajouta-t-il ; il faut bien l'aimer pour lui pardonner cela ; mais enfin tout ne nous est pas donné à la fois. Ç'aurait été trop, apparemment, pour moi, puisque la Providence ne l'a pas voulu. J'ai roulé depuis avec les canons de la République et de l'Empire, et je peux dire que, de Marengo à la Moscowa, j'ai vu de bien belles affaires ; mais je n'ai pas eu de plus beau jour dans ma vie que celui que je vous ai raconté là. Celui où je suis entré dans la Garde Royale a été aussi un des meilleurs. J'ai repris avec tant de joie la cocarde blanche que j'avais dans le Royal-Auvergne ! Et aussi, mon lieutenant, je tiens à faire mon devoir, comme vous l'avez vu. Je crois que je mourrais de honte si, demain à l'inspection, il me manquait une gargousse seulement ; et je crois qu'on a pris un baril au dernier exercice à feu, pour les cartouches de l'infanterie. J'aurais presque envie d'y aller voir, si ce n'était la défense d'y entrer avec des lumières.

Nous le priâmes de se reposer et de rester avec ses enfants, qui le détournèrent de son projet ; et, en achevant son petit verre, il nous dit encore quelques traits indifférents de sa vie : il n'avait pas eu d'avancement parce qu'il avait toujours trop aimé les corps d'élite et s'était trop attaché à son régiment. Canonnier dans la Garde des consuls, sergent dans la Garde Impériale, lui avaient toujours paru de plus hauts grades qu'officier de la ligne. J'ai vu beaucoup de *grognards* pareils. Au reste, tout ce qu'un soldat peut avoir de dignités, il l'avait : fusil *d'honneur* à capucines d'argent, croix d'honneur pensionnée, et surtout beaux et nobles états de service, où la colonne des actions d'éclat était pleine. C'était ce qu'il ne racontait pas.

Il était deux heures du matin. Nous fîmes cesser la veillée en nous levant et en serrant cordialement la main de ce brave homme, et nous le laissâmes heureux des émotions de sa vie, qu'il avait renouvelées dans son âme honnête et bonne.

— Combien de fois, dis-je, ce vieux soldat vaut-il mieux avec sa résignation, que nous autres, jeunes officiers, avec nos ambitions folles! Cela nous donna à penser.

— Oui, je crois bien, continuai-je, en passant le petit pont qui fut levé après nous; je crois que ce qu'il y a de plus pur dans nos temps, c'est l'âme d'un soldat pareil, scrupuleux sur son honneur et le croyant souillé par la moindre tache d'indiscipline ou de négligence; sans ambition, sans vanité, sans luxe, toujours esclave et toujours fier et content de sa Servitude, n'ayant de cher dans sa vie qu'un souvenir de reconnaissance.

— Et croyant que la Providence a les yeux sur lui! me dit Timoléon, d'un air profondément frappé, et me quittant pour se retirer chez lui.

CHAPITRE XII.

LE RÉVEIL.

Il y avait une heure que je dormais; il était quatre heures du matin; c'était le 17 août, je ne l'ai pas oublié. Tout à coup mes deux fenêtres s'ouvrirent à la fois, et toutes leurs vitres cassées tombèrent dans ma chambre avec un petit bruit argentin fort joli à entendre. J'ouvris les yeux, et je vis une fumée blanche qui entrait doucement chez moi et venait jusqu'à mon lit en formant mille couronnes. Je me mis à la considérer avec des regards un peu surpris, et je la reconnus aussi vite à sa couleur qu'à son odeur. Je courus à la fenêtre. Le jour commençait à poindre, et éclairait de lueurs tendres tout ce vieux château immobile et silencieux encore, et qui semblait dans la stupeur du premier coup qu'il venait de recevoir. Je n'y vis rien remuer. Seulement le vieux grenadier placé sur le rempart, et enfermé là au verrou, selon l'usage, se promenait très-vite, l'arme au bras, en regardant du côté des cours. Il allait comme un lion dans sa cage.

Tout se taisant encore, je commençais à croire qu'un essai d'armes fait dans les fossés avait été cause de cette commotion, lorsqu'une explosion plus violente se fit entendre. Je vis naître en même temps un soleil qui n'était pas celui du ciel, et qui se levait sur la dernière tour du côté du bois. Ses rayons étaient rouges, et, à l'extrémité de chacun d'eux, il y avait un obus qui éclatait; devant eux un brouillard de poudre. Cette fois le donjon, les casernes, les tours, les remparts, les villages et les bois tremblèrent et parurent glisser de gauche à droite, et revenir comme un tiroir ouvert et refermé sur-le-champ. Je compris en ce moment les tremblements de terre. Un cliquetis pareil à celui que feraient toutes les porcelaines de Sèvres jetées par la fenêtre me fit parfaitement comprendre que de tous les vitraux de la chapelle, de toutes les glaces du château, de toutes les vitres des casernes et du bourg, il ne restait pas un morceau de verre attaché au mastic. La fumée blanche se dissipa en petites couronnes.

— La poudre est très-bonne quand elle fait des couronnes comme celles-là, me dit Timoléon en entrant tout habillé et armé dans ma chambre.

— Il me semble, dis-je, que nous sautons.

— Je ne dis pas le contraire, me répondit-il froidement. Il n'y a rien à faire jusqu'à présent.

En trois minutes je fus comme lui habillé et armé, et nous regardâmes en silence le silencieux château.

Tout d'un coup vingt tambours battirent la générale ; les murailles sortaient de leur stupeur et de leur impassibilité, et appelaient à leur secours. Les bras du pont-levis commencèrent à s'abaisser lentement, et descendirent leurs pesantes chaînes sur l'autre bord du fossé ; c'était pour faire entrer les officiers et sortir les habitants. Nous courûmes à la herse : elle s'ouvrait pour recevoir les forts et rejeter les faibles.

Un singulier spectacle nous frappa : toutes les femmes se pressaient à la porte, et en même temps tous les chevaux de la garnison. Par un juste instinct du danger, ils avaient rompu leurs licols à l'écurie ou renversé leurs cavaliers, et attendaient en piaffant que la campagne leur fût ouverte. Ils couraient par les cours, à travers les troupeaux de femmes, hennissant avec épouvante, la crinière hérissée, les narines ouvertes, les yeux rouges, se dressant debout contre les murs, respirant la poudre avec horreur, et cachant dans le sable leurs naseaux brûlés.

Une jeune et belle personne, roulée dans les draps de son lit, suivie de sa mère à demi vêtue et portée par un soldat, sortit la première, et toute la foule suivit. Dans ce moment cela me parut une précaution bien inutile, la terre n'était sûre qu'à six lieues de là.

Nous entrâmes en courant, ainsi que tous les

officiers logés dans le bourg. La première chose qui me frappa fut la contenance calme de nos vieux grenadiers de la garde, placés au poste d'entrée. L'arme au pied, appuyés sur cette arme, ils regardaient du côté de la poudrière en connaisseurs, mais sans dire un mot ni quitter l'attitude prescrite, la main sur la bretelle du fusil. Mon ami Ernest d'Hanache les commandait; il nous salua avec le sourire à la Henri IV qui lui était naturel; je lui donnai la main. Il ne devait perdre la vie que dans la dernière Vendée, où il vient de mourir noblement. Tous ceux que je nomme dans ces souvenirs encore récents sont déjà morts.

En courant, je heurtai quelque chose qui faillit me faire tomber : c'était un pied humain. Je ne pus m'empêcher de m'arrêter à le regarder.

— Voilà comme votre pied sera tout à l'heure, me dit un officier en passant et en riant de tout son cœur.

Rien n'indiquait que ce pied eût jamais été chaussé. Il était comme embaumé et conservé à la manière des momies; brisé à deux pouces au-dessus de la cheville, comme les pieds de statues en étude dans les ateliers; poli, veiné comme du marbre noir, et n'ayant de rose que les ongles. Je n'avais pas le temps de le dessiner: je continuai ma course jusqu'à la dernière cour, devant les casernes.

Là nous attendaient nos soldats. Dans leur première surprise, ils avaient cru le château attaqué, ils s'étaient jetés du lit au râtelier d'armes et s'étaient réunis dans la cour, la plupart en chemise avec leur fusil au bras. Presque tous avaient les pieds ensanglantés et coupés par le verre brisé. Ils restaient muets et sans action devant un ennemi qui n'était pas un homme, et virent avec joie arriver leurs officiers.

Pour nous, ce fut au cratère même du volcan que nous courûmes. Il fumait encore, et une troisième éruption était imminente.

La petite tour de la poudrière était éventrée, et par ses flancs ouverts on voyait une lente fumée s'élever en tournant.

Toute la poudre de la tourelle était-elle brûlée?

en restait-il assez pour nous enlever tous? C'était la question. Mais il y en avait une autre qui n'était pas incertaine, c'est que tous les caissons de l'artillerie, chargés et entr'ouverts dans la cour voisine, sauteraient si une étincelle y arrivait, et que le donjon, renfermant quatre cents milliers de poudre à canon, Vincennes, son bois, sa ville, sa campagne, et une partie du faubourg Saint-Antoine, devaient faire jaillir ensemble les pierres, les branches, la terre, les toits et les têtes humaines les mieux attachées.

Le meilleur auxiliaire que puisse trouver la discipline, c'est le danger. Quand tous sont exposés, chacun se tait et se cramponne au premier homme qui donne un ordre ou un exemple salutaire.

Le premier qui se jeta sur les caissons fut Timoléon. Son air sérieux et contenu n'abandonnait pas son visage; mais, avec une agilité qui me surprit, il se précipita sur une roue près de s'enflammer. A défaut d'eau, il l'éteignit en l'étouffant avec son habit, ses mains, sa poitrine qu'il y appuyait.

On le crut d'abord perdu; mais, en l'aidant, nous trouvâmes la roue noircie et éteinte, son habit brûlé, sa main gauche un peu poudrée de noir; du reste, toute sa personne intacte et tranquille. En un moment tous les caissons furent arrachés de la cour dangereuse et conduits hors du fort, dans la plaine du polygone. Chaque canonnier, chaque soldat, chaque officier s'attelait, tirait, roulait, poussait les redoutables chariots, des mains, des pieds, des épaules et du front.

Les pompes inondèrent la petite poudrière par la noire ouverture de sa poitrine; elle était fendue de tous les côtés; elle se balança deux fois en avant et en arrière, puis ouvrit ses flancs comme l'écorce d'un grand arbre, et, tombant à la renverse, découvrit une sorte de four noir et fumant où rien n'avait forme reconnaissable, où toute arme, tout projectile était réduit en poussière rougeâtre et grise, délayée dans une eau bouillante; sorte de lave où le sang, le fer et le feu s'étaient confondus en mortier vivant, et qui s'écoula dans les cours en brûlant l'herbe sur son passage. C'était la fin du danger; restait à se reconnaître et à se compter.

— On a dû entendre cela de Paris, me dit Timoléon en me serrant la main; je vais lui écrire pour la rassurer. Il n'y a plus rien à faire ici.

Il ne parla plus à personne, et retourna dans notre petite maison blanche, aux volets verts, comme s'il fût revenu de la chasse.

CHAPITRE XIII.

UN DESSIN AU CRAYON.

Quand les périls sont passés, on les mesure et on les trouve grands. On s'étonne de sa fortune; on pâlit de la peur qu'on aurait pu avoir; on s'applaudit de ne s'être laissé surprendre à aucune faiblesse, et l'on sent une sorte d'effroi réfléchi et calculé auquel on n'avait pas songé dans l'action.

La poudre fait des prodiges incalculables, comme ceux de la foudre.

L'explosion avait fait des miracles, non pas de force, mais d'adresse. Elle paraissait avoir mesuré ses coups et choisi son but. Elle avait joué avec nous; elle nous avait dit : — J'enlèverai celui-ci, mais non ceux-là qui sont auprès. Elle avait arraché de terre une arcade de pierres de taille, et l'avait envoyée tout entière avec sa forme sur le gazon, dans les champs, se coucher comme une ruine noircie par le temps. Elle avait enfoncé trois bombes à six pieds sous terre, broyé des pavés sous des boulets, brisé un canon de bronze par le milieu, jeté dans toutes les chambres toutes les fenêtres et toutes les portes, enlevé sur les toits les volets de la grande poudrière, sans un grain de sa poudre; elle avait roulé dix grosses bornes de pierre comme les pions d'un échiquier renversé; elle avait cassé les chaînes de fer qui les liaient, comme on casse des fils de soie, et en avait tordu les anneaux comme on tord le chanvre; elle avait labouré sa cour avec les affûts brisés, et incrusté dans les pierres les pyramides de boulets, et, sous le canon le plus prochain de la poudrière détruite, elle avait laissé vivre la poule blanche que nous avions remarquée la veille. Quand cette pauvre poule sortit paisiblement de son lit avec ses petits, les cris de joie de nos bons soldats l'accueillirent comme une ancienne amie, et ils se mirent à la caresser avec l'insouciance des enfants.

Elle tournait en coquetant, rassemblant ses petits et portant toujours son aigrette rouge et son collier d'argent. Elle avait l'air d'attendre le maître qui lui donnait à manger, et courait tout effarée entre nos jambes, entourée de ses poussins. En la suivant, nous arrivâmes à quelque chose d'horrible.

Au pied de la chapelle étaient couchés la tête et la poitrine du pauvre Adjudant, sans corps et sans bras. Le pied que j'avais heurté avec mon pied en arrivant, c'était le sien. Ce malheureux, sans doute, n'avait pas résisté au désir de visiter encore ses barils de poudre et de compter ses obus, et, soit le fer de ses bottes, soit un caillou roulé, quelque chose, quelque mouvement avait tout enflammé.

Comme la pierre d'une fronde, sa tête avait été lancée avec sa poitrine sur le mur de l'église, à soixante pieds d'élévation, et la poudre dont ce buste effroyable était imprégné avait gravé sa forme en traits durables sur la muraille au pied de laquelle il retomba. Nous le contemplâmes longtemps, et personne ne dit un mot de commisération. Peut-être parce que le plaindre eût été se prendre soi-même en pitié pour avoir couru le même danger. Le chirurgien-major, seulement, dit : — Il n'a pas souffert.

Pour moi, il me sembla qu'il souffrait encore ; mais, malgré cela, moitié par une curiosité invincible, moitié par bravade d'officier, je le dessinai.

Les choses se passent ainsi dans une société d'où la sensibilité est retranchée. C'est un des côtés mauvais du métier des armes que cet excès de force où l'on prétend toujours guinder son caractère. On s'exerce à durcir son cœur, on se cache de la pitié, de peur qu'elle ne ressemble à la faiblesse ; on se fait effort pour dissimuler le sentiment divin de la compassion, sans songer qu'à force d'enfermer un bon sentiment on étouffe le prisonnier.

Je me sentis en ce moment très-haïssable. Mon jeune cœur était gonflé du chagrin de cette mort, et je continuais pourtant avec une tranquillité obstinée le dessin que j'ai conservé, et qui tantôt m'a donné des remords de l'avoir fait, tantôt m'a rappelé le récit que je viens d'écrire et la vie modeste de ce brave soldat.

Cette noble tête n'était plus qu'un objet d'horreur, une sorte de tête de Méduse ; sa couleur était celle du marbre noir ; les cheveux hérissés, les sourcils relevés vers le haut du front, les yeux fermés, la bouche béante comme jetant un cri. On voyait sculptée sur ce buste noir l'épouvante des flammes subitement sorties de terre. On sentait qu'il avait eu le temps de cet effroi aussi rapide que la poudre, et peut-être le temps d'une incalculable souffrance.

— A-t-il eu le temps de penser à la Providence ? me dit la voix paisible de Timoléon d'Arc*** qui, par-dessus mon épaule, me regardait dessiner avec un lorgnon.

En même temps un joyeux soldat, frais, rose et blond se baissa pour prendre à ce tronc enfumé sa cravate de soie noire :

— Elle est encore bien bonne, dit-il.

C'était un honnête garçon de ma compagnie, nommé Mugnet, qui avait deux chevrons sur le bras, point de scrupule ni de mélancolie, et *au demeurant le meilleur fils du monde*. Cela rompit nos idées.

Un grand fracas de chevaux nous vint enfin distraire. C'était le roi. Louis XVIII venait en calèche remercier sa garde de lui avoir conservé ses vieux soldats et son vieux château. Il considéra longtemps l'étrange lithographie de la muraille. Toutes les troupes étaient en bataille. Il éleva sa voix forte et claire pour demander au chef de bataillon quels officiers ou quels soldats s'étaient distingués.

— Tout le monde a fait son devoir, sire! répondit simplement M. de Fontanges, le plus chevaleresque et le plus aimable officier que j'aie connu, l'homme du monde qui m'a le mieux donné l'idée de ce que pouvaient être dans leurs manières le duc de Lauzun et le chevalier de Grammont.

Là-dessus, au lieu d'une croix d'honneur, le roi ne tira de sa calèche que des rouleaux d'or qu'il donna à distribuer pour les soldats, et, traversant Vincennes, sortit par la porte du bois.

Les rangs étaient rompus, l'explosion oubliée; personne ne songea à être mécontent et ne crut avoir mieux mérité qu'un autre. Au fait, c'était un équipage sauvant son navire pour se sauver lui-même, voilà tout. Cependant j'ai vu depuis de moindres bravoures se faire mieux valoir.

Je pensai à la famille du pauvre Adjudant. Mais j'y pensai seul. En général, quand les princes passent quelque part, ils passent trop vite.

LIVRE TROISIÈME

SOUVENIRS

DE

GRANDEUR MILITAIRE

SOUVENIRS
DE
GRANDEUR MILITAIRE

CHAPITRE PREMIER.

Que de fois nous vîmes ainsi finir par des accidents obscurs de modestes existences qui auraient été soutenues et nourries par la gloire collective de l'Empire! Notre armée avait recueilli les invalides de la grande armée, et ils mouraient dans nos bras, en nous laissant le souvenir de leurs caractères primitifs et singuliers. Ces hommes nous paraissaient les restes d'une race gigantesque qui s'éteignait homme par homme et pour toujours. Nous aimions ce qu'il y avait de bon et d'honnête dans leurs mœurs ; mais notre génération plus studieuse ne pouvait s'empêcher de surprendre parfois en eux quelque chose de puéril et d'un peu arriéré que l'oisiveté de la paix faisait ressortir à nos yeux. L'Armée nous semblait un corps sans mouvement. Nous étouffions enfermés dans le ventre de ce cheval de bois qui ne s'ouvrait jamais dans aucune Troie. Vous vous en souvenez, vous, mes Compagnons, nous ne cessions d'étudier les Commentaires de César, Turenne et Frédéric II, et nous lisions sans cesse la vie de ces généraux de la République si purement épris de la gloire ; ces héros candides et pauvres comme Marceau, Desaix et Kléber, jeunes gens de vertu antique ; et après avoir examiné leurs manœuvres de guerre et leurs campagnes, nous tombions dans une amère tristesse en mesurant notre destinée à la leur, et en calculant que leur élévation était devenue telle parce qu'ils avaient mis le pied tout d'abord, et à vingt ans, sur le haut de cette échelle de grades dont chaque degré nous coûtait huit ans à gravir. Vous que j'ai tant vus souffrir des langueurs et des dégoûts de la Servitude militaire, c'est pour vous surtout que j'écris ce livre. Aussi, à côté de ces souvenirs où j'ai montré quelques traits de ce qu'il y a de bon et d'honnête dans les armées, mais où j'ai détaillé quelques-unes des petitesses pénibles de cette vie, je veux placer les souvenirs qui peuvent relever nos fronts par la recherche et la considération de ses grandeurs.

La Grandeur guerrière, ou la beauté de la vie des armes, me semble être de deux sortes : il y a celle du commandement et celle de l'obéissance. L'une, tout extérieure, active, brillante, fière, égoïste, capricieuse, sera de jour en jour plus rare et moins désirée, à mesure que la civilisation deviendra plus pacifique ; l'autre, tout intérieure, passive, obscure, modeste, dévouée, persévérante, sera chaque jour plus honorée, car, aujourd'hui que dépérit l'esprit des conquêtes, tout ce qu'un caractère élevé peut apporter de grand dans le métier des armes me paraît être moins encore dans la gloire de combattre que dans l'honneur de souffrir en silence et d'accomplir avec constance des devoirs souvent odieux.

Si le mois de juillet 1830 eut ses héros, il eut en vous ses martyrs, ô mes braves Compagnons ! — Vous voilà tous à présent séparés et dispersés. Beaucoup parmi vous se sont retirés en silence, après l'orage, sous le toit de leur famille ; quelque pauvre qu'il fût, beaucoup l'ont préféré à l'ombre d'un autre drapeau que le leur. D'autres ont voulu chercher leurs fleurs de lis dans les bruyères de la Vendée, et les ont encore une fois arrosées de leur sang ; d'autres sont allés mourir pour des rois étrangers ; d'autres, encore saignants des blessures des trois jours, n'ont point résisté aux tentations de l'épée : ils l'ont reprise pour la France, et lui ont encore conquis des citadelles. Partout même habitude de se donner corps et âme, même besoin de se dévouer, même désir de porter et d'exercer quelque part l'art de bien souffrir et de bien mourir.

Mais partout se sont trouvés à plaindre ceux qui n'ont pas eu à combattre là où ils se trouvaient jetés. Le combat est la vie de l'armée. Où il commence, le rêve devient réalité, la science devient gloire, et la Servitude service. La guerre console par son éclat des peines inouïes que la léthargie de la paix cause aux esclaves de l'Armée; mais, je le répète, ce n'est pas dans les combats que sont ses plus pures grandeurs. Je parlerai de vous souvent aux autres; mais je veux une fois, avant de fermer ce livre, vous parler de vous-mêmes, et d'une vie et d'une mort qui eurent à mes yeux un grand caractère de force et de candeur.

LA VIE ET LA MORT

DU

CAPITAINE RENAUD

OU

LA CANNE DE JONC

___

CHAPITRE II.

UNE NUIT MÉMORABLE.

La nuit du 27 juillet 1830 fut silencieuse et solennelle. Son souvenir est, pour moi, plus présent que celui de quelques tableaux plus terribles que la destinée m'a jetés sous les yeux. — Le calme de la terre et de la mer devant l'ouragan n'a pas plus de majesté que n'en avait celui de Paris devant la révolution. Les boulevards étaient déserts. Je marchais seul, après minuit, dans toute leur longueur, regardant et écoutant avidement. Le ciel pur étendait sur le sol la blanche lueur de ses étoiles; mais les maisons étaient éteintes, closes et comme mortes. Tous les réverbères des rues étaient brisés. Quelques groupes d'ouvriers s'assemblaient encore près des arbres, écoutant un orateur mystérieux qui leur glissait des paroles secrètes à voix basse. Puis ils se séparaient en courant, et se jetaient dans des rues étroites et noires. Ils se collaient contre de petites portes d'allées qui s'ouvraient comme des trappes et se refermaient sur eux. Alors rien ne remuait plus, et la ville semblait n'avoir que des habitants morts et des maisons pestiférées.

On rencontrait, de distance en distance, une masse sombre, inerte, que l'on ne reconnaissait qu'en la touchant : c'était un bataillon de la Garde, debout, sans mouvement, sans voix. Plus loin, une batterie d'artillerie surmontée de ses mèches allumées, comme de deux étoiles.

On passait impunément devant ces corps imposants et sombres, on tournait autour d'eux, on s'en allait, on revenait sans en recevoir une question, une injure, un mot. Ils étaient inoffensifs, sans colère, sans haine ; ils étaient résignés et ils attendaient.

Comme j'approchais de l'un des bataillons les plus nombreux, un officier s'avança vers moi, avec une extrême politesse, et me demanda si les flammes que l'on voyait au loin éclairer la porte Saint-Denis ne venaient point d'un incendie ; il allait se porter en avant avec sa compagnie, pour s'en assurer. Je lui dis qu'elles sortaient de quelques grands arbres que faisaient abattre et brûler des marchands, profitant du trouble pour détruire ces vieux ormes qui cachaient leurs boutiques. Alors, s'asseyant sur l'un des bancs de pierre du boulevard, il se mit à faire des lignes et des ronds sur le sable avec une canne de jonc. Ce fut à quoi je le reconnus, tandis qu'il me reconnaissait à mon visage. Comme je restais debout devant lui, il me serra la main et me pria de m'asseoir à son côté.

Le capitaine Renaud était un homme d'un sens

droit et sévère et d'un esprit très-cultivé, comme la Garde en renfermait beaucoup à cette époque. Son caractère et ses habitudes nous étaient fort connus, et ceux qui liront ces souvenirs sauront bien sur quel visage sérieux ils doivent placer son nom de guerre donné par les soldats, adopté par les officiers et reçu indifféremment par l'homme. Comme les vieilles familles, les vieux régiments, conservés intacts par la paix, prennent des coutumes familières et inventent des noms caractéristiques pour leurs enfants. Une ancienne blessure à la jambe droite motivait cette habitude du capitaine de s'appuyer toujours sur cette *canne de jonc,* dont la pomme était assez singulière et attirait l'attention de tous ceux qui la voyaient pour la première fois. Il la gardait partout et presque toujours à la main. Il n'y avait, du reste, nulle affectation dans cette habitude : ses manières étaient trop simples et sérieuses. Cependant on sentait que cela lui tenait au cœur. Il était fort honoré dans la Garde. Sans ambition et ne voulant être que ce qu'il était, capitaine de grenadiers, il lisait toujours, ne parlait que le moins possible et par monosyllabes. — Très-grand, très-pâle et de visage mélancolique, il avait sur le front, entre les sourcils, une petite cicatrice assez profonde, qui souvent, de bleuâtre qu'elle était, devenait noire, et quelquefois donnait un air farouche à son visage habituellement froid et paisible.

Les soldats l'avaient en grande amitié ; et surtout dans la campagne d'Espagne on avait remarqué la joie avec laquelle ils partaient quand les détachements étaient commandés par la *Canne-de-Jonc*. C'était bien véritablement la *Canne-de-Jonc* qui les commandait ; car le capitaine Renaud ne mettait jamais l'épée à la main, même lorsque, à la tête des tirailleurs, il approchait assez l'ennemi pour courir le hasard de se prendre corps à corps avec lui.

Ce n'était pas seulement un homme expérimenté dans la guerre, il avait encore une connaissance si vraie des plus grandes affaires politiques de l'Europe sous l'Empire, que l'on ne savait comment se l'expliquer, et tantôt on l'attribuait à de profondes études, tantôt à de hautes relations fort anciennes, et que sa réserve perpétuelle empêchait de connaître.

Du reste, le caractère dominant des hommes d'aujourd'hui, c'est cette réserve même, et celui-ci ne faisait que porter à l'extrême ce trait général. A présent, une apparence de froide politesse couvre à la fois caractère et actions. Aussi je n'estime pas que beaucoup puissent se reconnaître aux portraits effarés que l'on fait de nous. L'affectation est ridicule en France plus que partout ailleurs, et c'est pour cela, sans doute, que, loin d'étaler sur ses traits et dans son langage l'excès de force que donnent les passions, chacun s'étudie à renfermer en soi les émotions violentes, les chagrins profonds ou les élans involontaires. Je ne pense point que la civilisation ait tout énervé, je vois qu'elle a tout masqué. J'avoue que c'est un bien, et j'aime le caractère contenu de notre époque. Dans cette froideur apparente il y a de la pudeur, et les sentiments vrais en ont besoin. Il y entre aussi du dédain, bonne monnaie pour payer les choses humaines. — Nous avons déjà perdu beaucoup d'amis dont la mémoire vit entre nous; vous vous les rappelez, ô mes chers Compagnons d'armes! Les uns sont morts par la guerre, les autres par le duel, d'autres par le suicide; tous hommes d'honneur et de ferme caractère, de passions fortes, et cependant d'apparence simple, froide et réservée. L'ambition, l'amour, le jeu, la haine, la jalousie, les travaillaient sourdement; mais ils ne parlaient qu'à peine, et détournaient tout propos trop direct et prêt à toucher le point saignant de leur cœur. On ne les voyait jamais cherchant à se faire remarquer dans les salons par une tragique attitude; et si quelque jeune femme, au sortir d'une lecture de roman, les eût vus tout soumis et comme disciplinés aux saluts en usage et aux simples causeries à voix basse, elle les eût pris en mépris; et pourtant ils ont vécu et sont morts, vous le savez, en hommes aussi forts que la nature en produisit jamais. Les Caton et les Brutus ne s'en tirèrent pas mieux, tout porteurs de toges qu'ils étaient. Nos passions ont autant d'énergie qu'en aucun temps ; mais ce n'est qu'à la trace de leurs fatigues que le regard d'un ami peut les reconnaître. Les dehors, les propos, les manières ont une certaine mesure de dignité froide qui est commune à tous, et dont ne s'affranchissent que quelques enfants qui se veulent grandir et faire valoir à toute force. A présent, la loi suprême des mœurs c'est la Convenance.

Il n'y a pas de profession où la froideur des formes du langage et des habitudes contraste plus vivement avec l'activité de la vie que la profession des armes. On y pousse loin la haine de l'exagération, et l'on dédaigne le langage d'un homme qui cherche à outrer ce qu'il sent ou à attendrir sur ce qu'il souffre. Je le savais, et je me préparais à quitter brusquement le capitaine Renaud, lorsqu'il me prit le bras et me retint.

— Avez-vous vu ce matin la manœuvre des Suisses? me dit-il ; c'était assez curieux. Ils ont fait le *feu de chaussée en avançant* avec une précision parfaite. Depuis que je sers, je n'en avais pas vu faire l'application : c'est une manœuvre de parade et d'Opéra; mais, dans les rues d'une grande ville, elle peut avoir son prix, pourvu que les sections de droite et de gauche se forment vite en avant du peloton qui vient de faire feu.

En même temps il continuait à tracer des lignes sur la terre avec le bout de sa canne; ensuite il se leva lentement; et comme il marchait le long du boulevard, avec l'intention de s'éloigner du groupe des officiers et des soldats, je le suivis, et il continua de me parler avec une sorte d'exaltation nerveuse et comme involontaire qui me captiva, et que je n'aurais jamais attendue de lui, qui était ce qu'on est convenu d'appeler un homme froid.

Il commença par une très-simple demande en prenant un bouton de mon habit :

— Me pardonnerez-vous, me dit-il, de vous prier de m'envoyer votre hausse-col de la Garde royale, si vous l'avez conservé? J'ai laissé le mien chez moi, et je ne puis l'envoyer chercher ni y aller moi-même, parce qu'on nous tue dans les rues comme des chiens enragés; mais depuis trois ou quatre ans que vous avez quitté l'armée, peut-être ne l'avez-vous plus. J'avais aussi donné ma démission il y a quinze jours, car j'ai une grande lassitude de l'Armée; mais avant-hier, quand j'ai vu les ordonnances, j'ai dit: On va prendre les armes. J'ai fait un paquet de mon uniforme, de mes épaulettes et de mon bonnet à poil, et j'ai été à la caserne retrouver ces braves gens-là qu'on va faire tuer dans tous les coins, et qui certainement auraient pensé, au fond du cœur, que je les quittais mal et dans un moment de crise; c'eût été contre l'Honneur, n'est-il pas vrai, entièrement contre l'Honneur?

— Aviez-vous prévu les ordonnances, dis-je, lors de votre démission?

— Ma foi, non! je ne les ai pas même lues encore.

— Eh bien! que vous reprochiez-vous?

— Rien que l'apparence, et je n'ai pas voulu que l'apparence même fût contre moi.

— Voilà, dis-je, qui est admirable!

— Admirable! admirable! dit le capitaine

Renaud en marchant plus vite, c'est le mot actuel ; quel mot puéril ! Je déteste l'admiration ; c'est le principe de trop de mauvaises actions. On la donne à trop bon marché à présent, et à tout le monde. Nous devons bien nous garder d'admirer légèrement.

L'admiration est corrompue et corruptrice. On doit bien faire pour soi-même, et non pour le bruit. D'ailleurs, j'ai là-dessus mes idées, finit-il brusquement; et il allait me quitter.

— Il y a quelque chose d'aussi beau qu'un grand homme, c'est un homme d'Honneur, lui dis-je.

Il me prit la main avec affection. — C'est une opinion qui nous est commune, me dit-il vivement; je l'ai mise en action toute ma vie, mais il m'en a coûté cher. Cela n'est pas si facile que l'on croit.

Ici le sous-lieutenant de sa compagnie vint lui demander un cigare. Il en tira plusieurs de sa poche, et les lui donna sans parler : les officiers se mirent à fumer en marchant de long en large, dans un silence et un calme que le souvenir des circonstances présentes n'interrompait pas; aucun ne daignant parler des dangers du jour, ni de son devoir, et connaissant à fond l'un et l'autre.

Le capitaine Renaud revint à moi. — Il fait beau, me dit-il en me montrant le ciel avec sa canne de jonc : je ne sais quand je cesserai de voir tous les soirs les mêmes étoiles ; il m'est arrivé une fois de m'imaginer que je verrais celles de la mer du Sud, mais j'étais destiné à ne pas changer d'hémisphère. — N'importe ! le temps est superbe : les Parisiens dorment ou font semblant. Aucun de nous n'a mangé ni bu depuis vingt-quatre heures ; cela rend les idées très-nettes. Je me souviens qu'un jour, en allant en Espagne, vous m'avez demandé la cause de mon peu d'avancement ; je n'eus pas le temps de vous la conter ; mais ce soir je me sens la tentation de revenir sur ma vie que je repassais dans ma mémoire. Vous aimez les récits, je me le rappelle, et, dans votre vie retirée, vous aimerez à vous souvenir de nous. — Si vous voulez vous asseoir sur ce parapet du boulevard avec moi, nous y causerons fort tranquillement, car on me paraît avoir cessé pour cette fois de nous ajuster par les fenêtres et les soupiraux de cave. — Je ne vous dirai que quelques époques de mon histoire, et je ne ferai que suivre mon caprice. J'ai beaucoup vu et beaucoup lu, mais je crois bien que je ne saurais pas écrire. Ce n'est pas mon état, Dieu merci! et je n'ai jamais essayé. — Mais, par exemple, je sais vivre, et j'ai vécu comme j'en avais pris la résolution (dès que j'ai eu le courage de la prendre), et, en vérité, c'est quelque chose. — Asseyons-nous.

Je le suivis lentement, et nous traversâmes le bataillon pour passer à gauche de ses beaux grenadiers. Ils étaient debout, gravement, le menton appuyé sur le canon de leurs fusils. Quelques jeunes gens s'étaient assis sur leurs sacs, plus fatigués de la journée que les autres. Tous se taisaient et s'occupaient froidement de réparer leur tenue et de la rendre plus correcte. Rien n'annonçait l'inquiétude ou le mécontentement. Ils étaient à leurs rangs, comme après un jour de revue, attendant les ordres.

Quand nous fûmes assis, notre vieux camarade prit la parole, et à sa manière me raconta trois grandes époques qui me donnèrent le sens de sa vie et m'expliquèrent la bizarrerie de ses habitudes et ce qu'il y avait de sombre dans son caractère. Rien de ce qu'il m'a dit ne s'est effacé de ma mémoire, et je le répéterai presque mot pour mot.

CHAPITRE III.

MALTE.

Je ne suis rien, dit-il d'abord, et c'est à présent un bonheur pour moi que de penser cela ; mais si j'étais quelque chose, je pourrais dire comme Louis XIV : *J'ai trop aimé la guerre.* — Que voulez-vous ? Bonaparte m'avait grisé dès l'enfance comme les autres, et sa gloire me montait à la tête si violemment, que je n'avais plus de place dans le cerveau pour une autre idée. Mon père, vieil officier supérieur toujours dans les camps, m'était tout à fait inconnu, quand un jour il lui prit fantaisie de me conduire en Égypte avec lui. J'avais douze ans, et je me souviens encore de ce temps comme si j'y étais, des sentiments de toute l'armée et de ceux qui prenaient déjà possession de mon âme. Deux esprits enflaient les voiles de nos vaisseaux, l'esprit de gloire et l'esprit de piraterie. Mon père n'écoutait pas plus le second que le vent de nord-ouest qui nous emportait; mais le premier bourdonnait si fort à mes oreilles, qu'il me rendit sourd pendant longtemps à tous les bruits du monde, hors à la musique de Charles XII, le canon. Le canon me semblait la voix de Bonaparte, et, tout enfant que j'étais, quand il grondait, je devenais rouge de plaisir, je sautais de joie, je lui battais des mains, je lui répondais par de grands cris. Ces premières émotions préparèrent l'enthousiasme exagéré qui fut le but et la folie de ma vie. Une rencontre, mémorable pour moi, décida cette sorte d'admiration fatale, cette adoration insensée à laquelle je voulus trop sacrifier.

La flotte venait d'appareiller depuis le 30 floréal an VI. Je passai le jour et la nuit sur le pont à me pénétrer du bonheur de voir la grande mer bleue et nos vaisseaux. Je comptai cent bâtiments et je ne pus tout compter. Notre ligne militaire avait une lieue d'étendue, et le demi-cercle que formait le convoi en avait au moins six. Je ne disais rien. Je regardai passer la Corse tout près de nous, traînant la Sardaigne à sa suite, et bientôt arriva la Sicile à notre gauche. Car *la Junon*, qui portait mon père et moi, était destinée à éclairer la route et à former l'avant-garde avec trois autres frégates. Mon père me tenait la main, et me montra l'Etna tout fumant, et des rochers que je n'oubliai point : c'était la Favaniane et le mont Éryx. Marsala, l'ancien Lilybée, passait à travers ses vapeurs ; je pris ses maisons blanches pour des colombes perçant un nuage ; et un matin, c'était..., oui, c'était le 24 prairial, je vis, au lever du jour, arriver devant moi un tableau qui m'éblouit pour vingt ans.

Malte était debout avec ses forts, ses canons à fleur d'eau, ses longues murailles luisantes au soleil comme des marbres nouvellement polis, et sa fourmilière de galères toutes minces courant sur de longues rames rouges. Cent quatre-vingt-quatorze bâtiments français l'enveloppaient de leurs grandes voiles et de leurs pavillons bleus, rouges et blancs, que l'on hissait, en ce moment, à tous les mâts, tandis que l'étendard de la religion s'abaissait lentement sur le *Gozo* et le fort Saint-Elme : c'était la dernière croix militante qui tombait. Alors la flotte tira cinq cents coups de canon.

Le vaisseau *l'Orient* était en face, seul à l'écart, grand et immobile. Devant lui vinrent passer lentement, et l'un après l'autre, tous les bâtiments de guerre, et je vis de loin Desaix saluer Bonaparte. Nous montâmes près de lui à bord de *l'Orient*. Enfin pour la première fois je le vis.

Il était debout près du bord, causant avec Casa-Bianca, capitaine du vaisseau (pauvre *Orient!*), et il jouait avec les cheveux d'un enfant de dix ans, le fils du capitaine. Je fus jaloux de cet enfant sur-le-champ, et le cœur me bondit en voyant qu'il touchait le sabre du général. Mon père s'avança vers Bonaparte et lui parla longtemps. Je ne voyais pas encore son visage. Tout d'un coup il se retourna et me regarda ; je frémis de tout mon corps à la vue de ce front jaune entouré de longs cheveux pendants et comme sortant de la mer, tout mouillés; de ces grands yeux gris, de ces joues maigres et de cette lèvre rentrée sur un menton aigu. Il venait de parler de moi, car il disait : « Écoute, « mon brave, puisque tu le veux, tu viendras en « Égypte, et le général Vaubois restera bien ici « sans toi avec ses quatre mille hommes ; mais je « n'aime pas qu'on emmène ses enfants ; je ne l'ai « permis qu'à Casa-Bianca, et j'ai eu tort. Tu vas « renvoyer celui-ci en France ; je veux qu'il soit « fort en mathématiques, et s'il t'arrive quelque « chose là-bas, je te réponds de lui, moi ; je m'en « charge, et j'en ferai un bon soldat. » En même temps il se baissa, et me prenant sous les bras, m'éleva jusqu'à sa bouche et me baisa le front. La tête me tourna, je sentis qu'il était mon maître et qu'il enlevait mon âme à mon père, que du reste je connaissais à peine parce qu'il vivait à l'armée éternellement. Je crus éprouver l'effroi de Moïse, berger, voyant Dieu dans le buisson. Bonaparte m'avait soulevé libre, et quand ses bras me redescendirent doucement sur le pont, ils y laissèrent un esclave de plus.

La veille, je me serais jeté dans la mer si l'on m'eût enlevé à l'armée; mais je me laissai emmener quand on voulut. Je quittai mon père avec indifférence, et c'était pour toujours! Mais nous sommes si mauvais dès l'enfance, et, hommes ou enfants, si peu de chose nous prend et nous enlève aux bons sentiments naturels! Mon père n'était plus mon maître parce que j'avais vu le sien, et que de celui-là seul me semblait émaner toute autorité de la terre. — O rêves d'autorité et d'esclavage! O pensées corruptrices du pouvoir, bonnes à séduire les enfants! Faux enthousiasmes! poisons subtils, quel antidote pourra-t-on jamais trouver contre vous? — J'étais étourdi, enivré; je voulais travailler, et je travaillai, à en devenir fou! Je calculai nuit et jour, et je pris l'habit, le savoir et, sur mon visage, la couleur jaune de l'école. De temps en temps le canon m'interrompait, et cette voix du demi-dieu m'apprenait la conquête de l'Égypte, Marengo, le 18 brumaire, l'Empire... et l'Empereur me tint parole. — Quant à mon père, je ne savais plus ce qu'il était devenu, lorsqu'un jour m'arriva cette lettre que voici.

Je la porte toujours dans ce vieux portefeuille, autrefois rouge, et je la relis souvent pour bien me convaincre de l'inutilité des avis que donne une génération à celle qui la suit, et réfléchir sur l'absurde entêtement de mes illusions.

Ici le Capitaine, ouvrant son uniforme, tira de sa poitrine : son mouchoir premièrement, puis un petit portefeuille qu'il ouvrit avec soin, et nous entrâmes dans un café encore éclairé, où il me lut ces fragments de lettres, qui me sont restés entre les mains, on saura bientôt comment.

CHAPITRE IV.

SIMPLE LETTRE.

« A bord du vaisseau anglais le *Culloden*,
devant Rochefort, 1804.

Sent to France, with admiral Collingwood's permission.

« Il est inutile, mon enfant, que tu saches comment t'arrivera cette lettre, et par quels moyens j'ai pu connaître ta conduite et ta position actuelle. Qu'il te suffise d'apprendre que je suis content de toi, mais que je ne te reverrai sans doute jamais. Il est probable que cela t'inquiète peu. Tu n'as connu ton père que dans l'âge où la mémoire n'est pas née encore et où le cœur n'est pas encore éclos. Il s'ouvre plus tard en nous qu'on ne le pense généralement, et c'est de quoi je me suis souvent étonné; mais qu'y faire? — Tu n'es pas plus mauvais qu'un autre, ce me semble. Il faut bien que je m'en contente. Tout ce que j'ai à te dire, c'est que je suis prisonnier des Anglais depuis le 14 thermidor an VI (ou le 2 août 1798, vieux style, qui, dit-on, redevient à la mode aujourd'hui). J'étais allé à bord de *l'Orient* pour tâcher de persuader à ce brave Brueys d'appareiller pour Corfou. Bonaparte m'avait déjà envoyé son pauvre aide de camp Julien, qui eut la sottise de se laisser enlever par les Arabes. Moi, j'arrivai, mais inutilement. Brueys était entêté comme une mule. Il disait qu'on allait trouver la passe d'Alexandrie pour faire entrer ses vaisseaux, mais il ajouta quelques mots assez fiers qui me firent bien voir qu'au fond il était un peu jaloux de l'armée de terre. — Nous prend-on pour des *passeurs d'eau?* me dit-il, et croit-on que nous ayons peur des Anglais? — Il aurait mieux valu pour la France qu'il en eût peur. Mais s'il a fait des fautes, il les a glorieusement expiées; et je puis dire que j'expie ennuyeusement celle que je fis de rester à son bord quand on l'attaqua. Brueys fut d'abord blessé à la tête et à la main. Il continua le combat jusqu'au moment où un boulet lui arracha les entrailles. Il se fit mettre dans un sac de son et mourut sur son banc de quart. Nous vîmes clairement que nous allions sauter vers les dix heures du soir. Ce qui restait de l'équipage descendit dans les chaloupes et se sauva, excepté Casa-Bianca. Il demeura le dernier, bien entendu ; mais son fils, un beau garçon, que tu as entrevu je crois, vint me trouver et me dit : « Citoyen, qu'est-ce que l'honneur veut que je fasse? » — Pauvre petit! Il avait dix ans, je crois, et cela parlait d'honneur dans un tel moment! Je le pris sur mes genoux dans le canot et je l'empêchai de voir sauter son père avec le pauvre *Orient,* qui s'éparpilla en l'air comme une gerbe de feu. Nous ne sautâmes pas, nous, mais nous fûmes pris, ce qui est bien plus douloureux, et je vins à Douvres, sous la garde d'un brave capitaine anglais nommé Collingwood, qui commande à présent le *Culloden.* C'est un galant homme s'il en fut, qui, depuis 1761 qu'il sert dans la marine, n'a quitté la mer que pendant deux années, pour se marier et mettre au monde ses deux filles. Ces enfants, dont il parle sans cesse, ne le connaissent pas, et sa femme ne connaît guère que par ses lettres son beau caractère. Mais je sens bien que la douleur de cette défaite d'Aboukir a abrégé mes jours, qui n'ont été que trop longs, puisque j'ai vu un tel désastre et la mort de mes glorieux amis. Mon grand âge a touché tout le monde ici; et, comme le climat de l'Angleterre m'a fait tousser beaucoup et a renouvelé toutes mes blessures au point de me priver entièrement de l'usage d'un bras, le bon capitaine Collingwood a demandé et obtenu pour moi (ce qu'il n'aurait pu obtenir pour lui-même à qui la terre était défendue) la grâce d'être transféré en Sicile, sous un soleil plus chaud et un ciel plus pur. Je crois bien que j'y vais finir; car soixante-dix-huit ans, sept blessures, des chagrins profonds et la captivité sont des maladies incurables. Je n'avais à te laisser que mon épée, pauvre enfant! à présent je n'ai même plus cela, car un prisonnier n'a pas d'épée. Mais j'ai au moins un conseil à te donner, c'est de te défier de ton enthousiasme pour les hommes qui parviennent vite, et surtout pour Bonaparte. Tel que je te connais, tu serais un Séide, et il faut se garantir du *Séidisme* quand on est Français, c'est-à-dire très-susceptible d'être atteint de ce mal contagieux. C'est une chose merveilleuse que la quantité de petits et de grands tyrans qu'il a produits. Nous aimons les fanfarons à un point extrême, et nous nous donnons à eux de si bon cœur que nous ne tardons pas à nous en mordre les doigts ensuite. La source de ce défaut est un grand besoin d'action et une grande paresse de réflexion. Il s'ensuit que nous aimons infiniment mieux nous donner corps et âme à celui qui se charge de penser pour nous et d'être responsable, quitte à rire après de nous et de lui.

Bonaparte est un bon enfant, mais il est vraiment par trop charlatan. Je crains qu'il ne devienne fondateur, parmi nous, d'un nouveau genre de jonglerie; nous en avons bien assez en France. — Le charlatanisme est insolent et corrupteur, et il a donné de tels exemples dans notre siècle et a mené si grand bruit du tambour et de la baguette sur la place publique, qu'il s'est glissé dans toute profession, et qu'il n'y a si petit homme qu'il n'ait gonflé. — Le nombre est incalculable des grenouilles qui crèvent. Je désire bien vivement que mon fils n'en soit pas.

Je suis bien aise qu'il m'ait tenu parole en se *chargeant de toi*, comme il dit ; mais ne t'y fie pas trop. Peu de temps après la triste manière dont je quittai l'Égypte, voici la scène que l'on m'a contée et qui se passa à un certain dîner ; je veux te la dire afin que tu y penses souvent.

Le 1er vendémiaire an VII, étant au Caire, Bonaparte, membre de l'Institut, ordonna une fête civique pour l'anniversaire de l'établissement de la République. La garnison d'Alexandrie célébra la fête autour de la colonne de Pompée, sur laquelle on planta le drapeau tricolore ; l'aiguille de Cléopâtre fut illuminée assez mal ; et les troupes de la haute Égypte célébrèrent la fête, le mieux qu'elles purent, entre les pylônes, les colonnes, les cariatides de Thèbes, sur les genoux du colosse de Memnon, aux pieds des figures de Tâma et Châma. Le premier corps d'armée fit au Caire ses manœuvres, ses courses et ses feux d'artifice. Le général en chef avait invité à dîner tout l'état-major, les ordonnateurs, les savants, le kiaya du pacha, l'émir, les membres du divan et les agas, autour d'une table de cinq cents couverts dressée dans la salle basse de la maison qu'il occupait sur la place d'El-Béquier; le bonnet de la Liberté et le croissant s'entrelaçaient amoureusement; les couleurs turques et françaises formaient un berceau et un tapis fort agréables sur lesquels se mariaient le Koran et la Table des Droits de l'Homme. Après que les convives eurent bien mangé avec leurs doigts des poulets et du riz assaisonnés de safran, des pastèques et des fruits, Bonaparte, qui ne disait rien, jeta un coup d'œil très-prompt sur eux tous. Le bon Kléber, qui était couché à côté de lui, parce qu'il ne pouvait pas ployer à la turque ses longues jambes, donna un grand coup de coude à Abdallah-Menou, son voisin, et lui dit avec son accent demi-allemand :

— Tiens! voilà Ali-Bonaparte qui va nous faire une des siennes.

Il l'appelait comme cela, parce que, à la fête de Mahomet, le général s'était amusé à prendre le costume oriental, et qu'au moment où il s'était déclaré protecteur de toutes les religions, on lui avait pompeusement décerné le nom de gendre du prophète, et on l'avait nommé Ali-Bonaparte.

Kléber n'avait pas fini de parler, et passait encore sa main dans ses grands cheveux blonds, que le petit Bonaparte était déjà debout; et, approchant son verre de son menton maigre et de sa grosse cravate, il dit d'une voix brève, claire et saccadée :

— Buvons à l'an trois cent de la République française!

Kléber se mit à rire dans l'épaule de Menou, au point de lui faire verser son verre sur un vieil Aga, et Bonaparte les regarda tous deux de travers, en fronçant le sourcil.

Certainement, mon enfant, il avait raison; parce que, en présence d'un général en chef, un général de division ne doit pas se tenir indécemment, fût-ce un gaillard comme Kléber; mais eux, ils n'avaient pas tout à fait tort non plus, puisque Bonaparte, à l'heure qu'il est, s'appelle l'Empereur et que tu es son page. »

. . . .

— En effet, dit le capitaine Renaud, en reprenant la lettre de mes mains, je venais d'être nommé page de l'Empereur en 1804. — Ah! la terrible année que celle-là! de quels événements elle était chargée quand elle nous arriva, et comme je l'aurais considérée avec attention, si j'avais su alors considérer quelque chose! Mais je n'avais pas d'yeux pour voir, pas d'oreilles pour entendre autre chose que les actions de l'Empereur, la voix de l'Empereur, les gestes de l'Empereur, les pas de l'Empereur. Son approche m'enivrait, sa présence me magnétisait. La gloire d'être attaché à cet homme me semblait la plus grande chose qui fût au monde, et jamais un amant n'a senti l'ascendant de sa maîtresse avec des émotions plus vives et plus écrasantes que celles que sa vue me donnait chaque jour. — L'admiration d'un chef militaire devient une passion, un fanatisme, une frénésie, qui font de nous des esclaves, des furieux, des aveugles. — Cette pauvre lettre que je viens de vous donner à lire ne tint dans mon esprit que la place de ce que les écoliers nomment un *sermon,* et je ne sentis que le soulagement impie des enfants qui se trouvent délivrés de l'autorité naturelle et se croient libres parce qu'ils ont choisi la chaîne que l'entraînement général leur a fait river à leur cou. Mais un reste de bons sentiments natifs me fit conserver cette écriture sacrée, et son autorité sur moi a grandi à mesure que diminuaient mes rêves d'héroïque sujétion. Elle est restée toujours sur mon cœur, et elle a fini par y jeter des racines invisibles, aussitôt que le bon sens a dégagé ma vue des nuages qui la couvraient alors. Je n'ai pu m'empêcher, cette nuit, de la relire avec vous, et je me prends en pitié en considérant combien a été lente la courbe que mes idées ont suivie pour revenir à la base la plus solide et la plus simple de la conduite d'un homme. Vous verrez à combien peu elle se réduit; mais, en vérité, monsieur, je pense que cela suffit à la vie d'un honnête homme, et il m'a fallu bien du temps pour arriver à trouver la source de la véritable grandeur qu'il peut y avoir dans la profession presque barbare des armes.

———

Ici le capitaine Renaud fut interrompu par un vieux sergent de grenadiers qui vint se placer à la porte du café, portant son arme en sous-officier et tirant une lettre écrite sur papier gris placée dans la bretelle de son fusil. Le capitaine se leva paisiblement et ouvrit l'ordre qu'il recevait.

— Dites à Béjaud de copier cela sur le livre d'ordre, dit-il au sergent.

— Le sergent-major n'est pas revenu de l'arsenal, dit le sous-officier, d'une voix douce comme celle d'une fille, et baissant les yeux, sans même daigner dire comment son camarade avait été tué.

— Le fourrier le remplacera, dit le capitaine, sans rien demander; et il signa son ordre sur le dos du sergent, qui lui servit de pupitre.

Il toussa un peu, et reprit avec tranquillité :

CHAPITRE V.

LE DIALOGUE INCONNU.

— La lettre de mon pauvre père, et sa mort, que j'appris peu de temps après, produisirent en moi, tout enivré que j'étais et tout étourdi du bruit de mes éperons, une impression assez forte pour donner un grand ébranlement à mon ardeur aveugle, et je commençai à examiner de plus près et avec plus de calme ce qu'il y avait de surnaturel dans l'éclat qui m'enivrait. Je me demandai, pour la première fois, en quoi consistait l'ascendant que nous laissions prendre sur nous aux hommes d'action revêtus d'un pouvoir absolu, et j'osai tenter quelques efforts intérieurs pour tracer des bornes, dans ma pensée, à cette donation volontaire de tant d'hommes à un homme. Cette première secousse me fit entr'ouvrir la paupière, et j'eus l'audace de regarder en face l'aigle éblouissant qui m'avait enlevé, tout enfant, et dont les ongles me pressaient les reins.

Je ne tardai pas à trouver des occasions de l'examiner de plus près, et d'épier l'esprit du grand homme, dans les actes obscurs de sa vie privée.

On avait osé créer des pages, comme je vous l'ai dit; mais nous portions l'uniforme d'officiers en attendant la livrée verte à culottes rouges que nous devions prendre au sacre. Nous servions d'écuyers, de secrétaires et d'aides de camp jusque-là, selon la volonté du maître qui prenait ce qu'il trouvait sous sa main. Déjà il se plaisait à peupler ses antichambres; et comme le besoin de dominer le suivait partout, il ne pouvait s'empêcher de l'exercer dans les plus petites choses et tourmentait autour de lui ceux qui l'entouraient, par l'infatigable maniement d'une volonté toujours présente. Il s'amusait de ma timidité ; il jouait avec mes erreurs et mon respect. — Quelquefois il m'appelait brusquement ; et me voyant entrer pâle et balbutiant, il s'amusait à me faire parler longtemps pour voir mes étonnements et troubler mes idées. Quelquefois, tandis que j'écrivais sous sa dictée, il me tirait l'oreille tout d'un coup, à sa manière, et me faisait une question imprévue sur quelque vulgaire connaissance comme la géographie ou l'algèbre, me posant le plus facile problème d'enfant ; il me semblait alors que la foudre tombait sur ma tête. Je savais mille fois ce qu'il me demandait ; j'en savais plus qu'il ne le croyait, j'en savais même souvent plus que lui, mais son œil me paralysait. Lorsqu'il était hors de la chambre, je pouvais respirer, le sang commençait à circuler dans mes veines, la mémoire me revenait et avec elle une honte inexprimable ; la rage me prenait, j'écrivais ce que j'aurais dû lui répondre ; puis je me roulais sur le tapis, je pleurais, j'avais envie de me tuer.

— Quoi ! me disais-je, il y a donc des têtes

assez fortes pour être sûres de tout et n'hésiter devant personne? Des hommes qui s'étourdissent par l'action sur toute chose, et dont l'assurance écrase les autres en leur faisant penser que la clef de tout savoir et de tout pouvoir, clef qu'on ne cesse de chercher, est dans leur poche, et qu'ils n'ont qu'à l'ouvrir pour en tirer lumière et autorité infaillibles! — Je sentais pourtant que c'était là une force fausse et usurpée. Je me révoltais, je criais : « Il ment! Son attitude, sa voix, son geste, ne sont qu'une pantomime d'acteur, une misérable parade de souveraineté, dont il doit savoir la vanité. Il n'est pas possible qu'il croie en lui-même aussi sincèrement! Il nous défend à tous de lever le voile, mais il se voit nu par-dessous. Et que voit-il? un pauvre ignorant comme nous tous, et sous tout cela, la créature faible! » — Cependant je ne savais comment voir le fond de cette âme déguisée. Le pouvoir et la gloire le défendaient sur tous les points; je tournais autour sans réussir à y rien surprendre, et ce porc-épic toujours armé se roulait devant moi, n'offrant de tous côtés que des pointes acérées. — Un jour pourtant, le hasard, notre maître à tous, les entr'ouvrit, et à travers ces piques et ces dards fit pénétrer une lumière d'un moment. — Un jour, ce fut peut-être le seul de sa vie, il rencontra plus fort que lui et recula un instant devant un ascendant plus grand que le sien. — J'en fus témoin, et me sentis vengé. — Voici comment cela m'arriva :

Nous étions à Fontainebleau. Le Pape venait d'arriver. L'Empereur l'avait attendu impatiemment pour le sacre, et l'avait reçu en voiture, montant de chaque côté, au même instant, avec une étiquette en apparence négligée, mais profondément calculée de manière à ne céder ni prendre le pas, ruse italienne. Il revenait au château, tout y était en rumeur; j'avais laissé plusieurs officiers dans la chambre qui précédait celle de l'Empereur, et j'étais resté seul dans la sienne. — Je considérais une longue table qui portait, au lieu de marbre, des mosaïques romaines, et que surchargeait un amas énorme de placets. J'avais vu souvent Bonaparte rentrer et leur faire subir une étrange épreuve. Il ne les prenait ni par ordre, ni au hasard; mais quand leur nombre l'irritait, il passait sa main sur la table de gauche à droite et de droite à gauche, comme un faucheur, et les dispersait jusqu'à ce qu'il en eût réduit le nombre à cinq ou six qu'il ouvrait. Cette sorte de jeu dédaigneux m'avait ému singulièrement. Tous ces papiers de deuil et de détresse repoussés et jetés sur le parquet, enlevés comme par un vent colère, ces implorations inutiles des veuves et des orphelins n'ayant pour chance de secours que la manière dont les feuilles volantes étaient balayées par le chapeau consulaire; toutes ces feuilles gémissantes, mouillées par des larmes de famille, traînant au hasard sous ses bottes et sur lesquelles il marchait comme sur ses morts du champ de bataille, me représentaient la destinée présente de la France comme une loterie sinistre, et, toute grande qu'était la main indifférente et rude qui tirait les lots, je pensais qu'il n'était pas juste de livrer ainsi au caprice de ses coups de poing tant de fortunes obscures qui eussent été peut-être un jour aussi grandes que la sienne, si un point d'appui leur eût été donné. Je sentis mon cœur battre contre Bonaparte et se révolter, mais honteusement, mais en cœur d'esclave qu'il était. Je considérais ces lettres abandonnées : des cris de douleur inentendus s'élevaient de leurs plis profanés ; et les prenant pour les lire, les rejetant ensuite, moi-même je me faisais juge entre ces malheureux et le maître qu'ils s'étaient donné, et qui allait aujourd'hui s'asseoir plus solidement que jamais sur leurs têtes. Je tenais dans ma main l'une de ces pétitions méprisées, lorsque le bruit des tambours qui battaient *aux champs* m'apprit l'arrivée subite de l'Empereur. Or, vous savez que de même que l'on voit la lumière du canon avant d'entendre sa détonation, on le voyait toujours en même temps qu'on était frappé du bruit de son approche, tant ses allures étaient promptes et tant il semblait pressé de vivre et de jeter ses actions les unes sur les autres. Quand il entrait à cheval dans la cour d'un palais, ses guides avaient peine à le suivre, et le poste n'avait pas le temps de prendre les armes, qu'il était déjà descendu de cheval et montait l'escalier. Cette fois il avait quitté la voiture du Pape pour revenir seul, en avant et au galop. J'entendis ses talons résonner en même temps que le tambour. J'eus le temps à peine de me jeter dans l'alcôve d'un grand lit de parade qui ne servait à personne, fortifié d'une balustrade de prince et fermé heureusement, plus qu'à demi, par des rideaux semés d'abeilles.

L'Empereur était fort agité; il marcha seul dans la chambre comme quelqu'un qui attend avec impatience, et fit en un instant trois fois sa longueur, puis s'avança vers la fenêtre et se mit à y tambouriner une marche avec les ongles. Une voiture roula dans la cour, il cessa de battre, frappa des pieds deux ou trois fois comme impatienté de la vue de quelque chose qui se faisait avec lenteur, puis il alla brusquement à la porte et l'ouvrit au Pape.

Pie VII entra seul, Bonaparte se hâta de refermer la porte derrière lui, avec une promptitude de geôlier. Je sentis une grande terreur, je l'avoue, en me voyant en tiers avec de telles gens. Cependant je restai sans voix et sans mouvement, regardant et écoutant de toute la puissance de mon esprit.

Le Pape était d'une taille élevée ; il avait un visage allongé, jaune, souffrant, mais plein d'une noblesse sainte et d'une bonté sans bornes. Ses yeux noirs étaient grands et beaux, sa bouche était entr'ouverte par un sourire bienveillant auquel son menton avancé donnait une expression de finesse très-spirituelle et très-vive, sourire qui n'avait rien de la sécheresse politique, mais tout de la bonté chrétienne. Une calotte blanche couvrait ses cheveux longs, noirs, mais sillonnés de larges mèches argentées. Il portait négligemment sur ses épaules courbées un long camail de velours rouge, et sa robe traînait sur ses pieds. Il entra lentement, avec la démarche calme et prudente d'une femme âgée. Il vint s'asseoir, les yeux baissés, sur un des grands fauteuils romains dorés et chargés d'aigles, et attendit ce que lui allait dire l'autre Italien.

Ah! monsieur, quelle scène! quelle scène! je

la vois encore. — Ce ne fut pas le génie de l'homme qu'elle me montra, mais ce fut son caractère; et si son vaste esprit ne s'y déroula pas, du moins son cœur y éclata. — Bonaparte n'était pas alors ce que vous l'avez vu depuis; il n'avait point ce ventre de financier, ce visage joufflu et malade, ces jambes de goutteux, tout cet infirme embonpoint que l'art a malheureusement saisi pour en faire un *type,* selon le langage actuel, et qui a laissé de lui, à la foule, je ne sais quelle forme populaire et grotesque qui le livre aux jouets d'enfants et le laissera peut-être un jour fabuleux et impossible comme l'informe Polichinelle. — Il n'était point ainsi alors, monsieur, mais nerveux et souple, mais leste, vif et élancé, convulsif dans ses gestes, gracieux dans quelques moments, recherché dans ses manières; la poitrine plate et rentrée entre les épaules, et tel encore que je l'avais vu à Malte, le visage mélancolique et effilé.

Il ne cessa point de marcher dans la chambre quand le Pape fut entré; il se mit à rôder autour du fauteuil comme un chasseur prudent, et s'arrêtant tout à coup en face de lui dans l'attitude roide et immobile d'un caporal, il reprit une suite de la conversation commencée dans leur voiture, interrompue par l'arrivée, et qu'il lui tardait de poursuivre.

— Je vous le répète, Saint-Père, je ne suis point un esprit fort, moi, et je n'aime pas les raisonneurs et les idéologues. Je vous assure que, malgré mes vieux républicains, j'irai à la messe.

Il jeta ces derniers mots brusquement au Pape comme un coup d'encensoir lancé au visage, et s'arrêta pour en attendre l'effet, pensant que les circonstances tant soit peu impies qui avaient précédé l'entrevue devaient donner à cet aveu subit et net une valeur extraordinaire. — Le Pape baissa les yeux et posa ses deux mains sur les têtes d'aigle qui formaient les bras de son fauteuil. Il parut, par cette attitude de statue romaine, qu'il disait clairement : Je me résigne d'avance à écouter toutes les choses profanes qu'il lui plaira de me faire entendre.

Bonaparte fit le tour de la chambre et du fauteuil qui se trouvait au milieu, et je vis, au regard qu'il jetait de côté sur le vieux pontife, qu'il n'était content ni de lui-même ni de son adversaire, et qu'il se reprochait d'avoir trop lestement débuté dans cette reprise de conversation. Il se mit donc à parler avec plus de suite, en marchant circulairement et jetant à la dérobée des regards perçants dans les glaces de l'appartement où se réfléchissait la figure grave du Saint-Père, et le regardant en profil quand il passait près de lui, mais jamais en face, de peur de sembler trop inquiet de l'impression de ses paroles.

— Il y a quelque chose, dit-il, qui me reste sur le cœur, Saint-Père, c'est que vous consentez au sacre de la même manière que l'autre fois au concordat, comme si vous y étiez forcé. Vous avez un air de martyr devant moi, vous êtes là comme résigné, comme offrant au Ciel vos douleurs. Mais, en vérité, ce n'est pas là votre situation, vous n'êtes pas prisonnier, par Dieu! vous êtes libre comme l'air.

Pie VII sourit avec tristesse et le regarda en

face. Il sentait ce qu'il y avait de prodigieux dans les exigences de ce caractère despotique, à qui, comme à tous les esprits de même nature, il ne suffisait pas de se faire obéir si, en obéissant, on ne semblait encore avoir désiré ardemment ce qu'il ordonnait.

— Oui, reprit Bonaparte avec plus de force, vous êtes parfaitement libre ; vous pouvez vous en retourner à Rome, la route vous est ouverte, personne ne vous retient.

Le Pape soupira et leva sa main droite et ses yeux au ciel sans répondre ; ensuite il laissa retomber très-lentement son front ridé et se mit à considérer la croix d'or suspendue à son cou.

Bonaparte continua à parler en tournoyant plus lentement. Sa voix devint douce et son sourire plein de grâce.

— Saint-Père, si la gravité de votre caractère ne m'en empêchait, je dirais, en vérité, que vous êtes un peu ingrat. Vous ne paraissez pas vous souvenir assez des bons services que la France vous a rendus. Le conclave de Venise, qui vous a élu Pape, m'a un peu l'air d'avoir été inspiré par ma campagne d'Italie et par un mot que j'ai dit sur vous. L'Autriche ne vous traita pas bien alors, et j'en fus très-affligé. Votre Sainteté fut, je crois, obligée de revenir par mer à Rome, faute de pouvoir passer par les terres autrichiennes.

Il s'interrompit pour attendre la réponse du silencieux hôte qu'il s'était donné; mais Pie VII ne fit qu'une inclination de tête presque imperceptible, et demeura comme plongé dans un abattement qui l'empêchait d'écouter.

Bonaparte alors poussa du pied une chaise près du grand fauteuil du Pape. — Je tressaillis, parce qu'en venant chercher ce siége, il avait effleuré de son épaulette le rideau de l'alcôve où j'étais caché.

— Ce fut, en vérité, continua-t-il, comme catholique que cela m'affligea. Je n'ai jamais eu le temps d'étudier beaucoup la théologie, moi; mais j'ajoute encore une grande foi à la puissance de l'Église; elle a une vitalité prodigieuse, Saint-Père. Voltaire vous a bien un peu entamés, mais je ne l'aime pas, et je vais lâcher sur lui un vieil oratorien défroqué. Vous serez content, allez. Tenez, nous pourrions, si vous vouliez, faire bien des choses à l'avenir.

Il prit un air d'innocence et de jeunesse très-caressant.

— Moi, je ne sais pas, j'ai beau chercher, je ne vois pas bien, en vérité, pourquoi vous auriez de la répugnance à siéger à Paris pour toujours! Je vous laisserais, ma foi, les Tuileries, si vous vouliez. Vous y trouverez déjà votre chambre de Monte-Cavallo qui vous attend. Moi, je n'y séjourne guère. Ne voyez-vous pas bien, *Padre,* que c'est là la vraie capitale du monde? Moi, je ferais tout ce que vous voudriez; d'abord, je suis meilleur enfant qu'on ne croit. — Pourvu que la guerre et la politique fatigante me fussent laissées, vous arrangeriez l'Église comme il vous plairait. Je serais votre soldat tout à fait. Voyez, ce serait vraiment beau; nous aurions nos conciles comme Constantin et Charlemagne, je les ouvrirais et les fermerais; je vous mettrais ensuite dans la main les vraies clefs du monde, et comme notre Seigneur a dit : Je suis venu avec l'épée, je garderais l'épée, moi ; je vous la rapporterais seulement à bénir après chaque succès de nos armes.

Il s'inclina légèrement en disant ces derniers mots.

Le Pape, qui jusque-là n'avait cessé de demeurer sans mouvement, comme une statue égyptienne, releva lentement sa tête à demi baissée, sourit avec mélancolie, leva ses yeux en haut et dit, après un soupir paisible, comme s'il eût confié sa pensée à son ange gardien invisible :

— *Commediante!*

Bonaparte sauta de sa chaise et bondit comme un léopard blessé. Une vraie colère le prit ; une de ses colères jaunes. Il marcha d'abord sans parler, se mordant les lèvres jusqu'au sang. Il ne tournait plus en cercle autour de sa proie avec des regards fins et une marche cauteleuse ; mais il allait droit et ferme, en long et en large, brusquement, frappant du pied et faisant sonner ses talons éperonnés. La chambre tressaillit ; les rideaux frémirent comme les arbres à l'approche du tonnerre ; il me semblait qu'il allait arriver quelque terrible et grande chose; mes cheveux me firent mal et j'y portai la main malgré moi. Je regardai le Pape, il ne remua pas, seulement il serra de ses deux mains les têtes d'aigle des bras du fauteuil.

La bombe éclata tout à coup.

— Comédien! Moi! Ah! je vous donnerai des comédies à vous faire tous pleurer comme des femmes et des enfants. — Comédien! — Ah! vous n'y êtes pas, si vous croyez qu'on puisse avec moi faire du sang-froid insolent! Mon théâtre, c'est le monde; le rôle que j'y joue, c'est celui de maître et d'auteur; pour comédiens j'ai vous tous, Papes, Rois, Peuples! et le fil par lequel je vous remue, c'est la peur! — Comédien! Ah! il faudrait être d'une autre taille que la vôtre pour m'oser applaudir ou siffler, *signor Chiaramonti!* — Savez-vous bien que vous ne seriez qu'un pauvre curé, si je le le voulais? Vous et votre tiare, la France vous rirait au nez, si je ne gardais mon air sérieux en vous saluant.

Il y a quatre ans seulement, personne n'eût osé

parler tout haut du Christ. Qui donc eût parlé du Pape, s'il vous plaît? — Comédien! Ah! messieurs, vous prenez vite pied chez nous! Vous êtes de mauvaise humeur parce que je n'ai pas été assez sot pour signer, comme Louis XIV, la désapprobation des libertés gallicanes! — Mais on ne me pipe pas ainsi. — C'est moi qui vous tiens dans mes doigts; c'est moi qui vous porte du Midi au Nord comme des marionnettes; c'est moi qui fais semblant de vous compter pour quelque chose parce que vous représentez une vieille idée que je veux ressusciter; et vous n'avez pas l'esprit de voir cela et de faire comme si vous ne vous en aperceviez pas. — Mais non! Il faut tout vous dire! il faut vous mettre le nez sur les choses pour que vous les compreniez. Et vous croyez bonnement que l'on a besoin de vous, et vous relevez la tête, et vous vous drapez dans vos robes de femme! — Mais sachez bien qu'elles ne m'en imposent nullement, et que, si vous continuez, vous! je traiterai la vôtre comme Charles XII celle du grand vizir: je la déchirerai d'un coup d'éperon.

Il se tut. Je n'osais pas respirer. J'avançai la tête, n'entendant plus sa voix tonnante, pour voir si le pauvre vieillard était mort d'effroi. Le même calme dans l'attitude, le même calme sur le visage. Il leva une seconde fois les yeux au ciel, et après avoir encore jeté un profond soupir, il sourit avec amertume et dit :

— *Tragediante!*

Bonaparte, en ce moment, était au bout de la chambre appuyé sur la cheminée de marbre aussi haute que lui. Il partit comme un trait, courant sur le vieillard ; je crus qu'il l'allait tuer. Mais il s'arrêta court, prit, sur la table, un vase de porcelaine de Sèvres, où le château Saint-Ange et le Capitole étaient peints, et, le jetant sur les chenets et le marbre, le broya sous ses pieds. Puis tout d'un coup s'assit et demeura dans un silence profond et une immobilité formidable.

Je fus soulagé. Je sentis que la pensée réfléchie lui était revenue et que le cerveau avait repris l'empire sur les bouillonnements du sang. Il devint triste, sa voix fut sourde et mélancolique, et dès sa première parole je compris qu'il était dans le vrai, et que ce Protée, dompté par deux mots, se montrait lui-même.

— Malheureuse vie! dit-il d'abord. — Puis il rêva, déchira le bord de son chapeau, sans parler pendant une minute encore, et reprit, se parlant à lui seul, au réveil.

— C'est vrai! Tragédien ou Comédien. — Tout est rôle, tout est costume pour moi depuis longtemps et pour toujours. Quelle fatigue! quelle petitesse! Poser! toujours poser! de face pour ce parti, de profil pour celui-là, selon leur idée. Leur paraître ce qu'ils aiment que l'on soit, et deviner juste leurs rêves d'imbéciles. Les placer tous entre l'espérance et la crainte. — Les éblouir par des dates et des bulletins, par des prestiges de distance et des prestiges de nom. Être leur maître à tous et ne savoir qu'en faire. Voilà tout, ma foi! — Et après ce tout, s'ennuyer autant que je fais, c'est trop fort. — Car, en vérité, poursuivit-il en se croisant les jambes et en se couchant dans un fauteuil, je m'ennuie énormément. — Sitôt que je m'assieds, je crève d'ennui. — Je ne chasserais pas trois jours à Fontainebleau sans périr de langueur. — Moi, il faut que j'aille et que je fasse aller. Si je sais où, je veux être pendu, par exemple. Je vous parle à cœur ouvert. J'ai des plans pour la vie de quarante empereurs, j'en fais un tous les matins et un tous les soirs; j'ai une imagination infatigable; mais je n'aurais pas le temps d'en remplir deux, que je serais usé de corps et d'âme; car notre pauvre lampe ne brûle pas longtemps. Et franchement, quand tous mes plans seraient exécutés, je ne jurerais pas que le monde s'en trouvât beaucoup plus heureux; mais il serait plus beau, et une unité majestueuse régnerait sur lui. — Je ne suis pas un philosophe, moi, et je ne sais que notre secrétaire de Florence qui ait eu le sens commun. Je n'entends rien à certaines théories. La vie est trop courte pour s'arrêter. Sitôt que j'ai pensé, j'exécute. On trouvera assez d'explications de mes actions après moi pour m'agrandir si je réussis et me rapetisser si je tombe. Les paradoxes sont là tout prêts, ils abondent en France; je les fais taire de mon vivant, mais après il faudra voir. — N'importe, mon affaire est de réussir, et je m'entends à cela. Je fais mon Iliade en action, moi, et tous les jours.

Ici il se leva avec une promptitude gaie et quelque chose d'alerte et de vivant ; il était naturel et vrai dans ce moment-là, il ne songeait point à se dessiner comme il fit depuis dans ses dialogues de Sainte-Hélène; il ne songeait point à s'idéaliser, et ne composait point son personnage de manière à réaliser les plus belles conceptions philosophiques; il était lui, lui-même mis au dehors. — Il revint près du Saint-Père, qui n'avait pas fait un mouvement, et marcha devant lui. Là, s'enflammant, riant à moitié avec ironie, il débita ceci, à peu près, tout mêlé de trivial et de grandiose, selon son usage, en parlant avec une volubilité inconcevable, expression rapide de ce génie facile et prompt qui devinait tout, à la fois, sans étude.

— La naissance est tout, dit-il; ceux qui viennent au monde pauvres et nus sont toujours des désespérés. Cela tourne en action ou en suicide, selon le caractère des gens. Quand ils ont le courage, comme moi, de mettre la main à tout, ma foi! ils font le diable. Que voulez-vous? Il faut vivre. Il faut trouver sa place et faire son trou. Moi, j'ai fait le mien comme un boulet de canon. Tant pis pour ceux qui étaient devant moi. — Qu'y faire? Chacun mange selon son appétit; moi, j'avais grand'faim! — Tenez, Saint-Père, à Toulon, je n'avais pas de quoi acheter une paire d'épaulettes, et au lieu d'elles j'avais une mère et je ne sais combien de frères sur les épaules. Tout cela est placé à présent, assez convenablement, j'espère. Joséphine m'avait épousé, comme par pitié, et nous allons la couronner à la barbe de Raguideau, son notaire, qui disait que je n'avais que la cape et l'épée. Il n'avait, ma foi! pas tort. — Manteau impérial, couronne, qu'est-ce que tout cela? Est-ce à moi? — Costume! costume d'acteur! Je vais l'endosser pour une heure, et j'en aurai assez. Ensuite je reprendrai mon petit habit d'officier, et je monterai à cheval; toute la vie à cheval ! — Je ne serai pas assis un jour sans courir le risque d'être jeté à bas du fauteuil. Est-ce donc bien à envier ? Hein ?

Je vous le dis, Saint-Père, il n'y a au monde que deux classes d'hommes : ceux qui ont et ceux qui gagnent.

Les premiers se couchent, les autres se remuent. Comme j'ai compris cela de bonne heure et à propos, j'irai loin, voilà tout. Il n'y en a que deux qui soient arrivés en commençant à quarante ans : Cromwell et Jean-Jacques ; si vous aviez donné à l'un une ferme, et à l'autre douze cents francs et sa servante, ils n'auraient ni prêché, ni commandé, ni écrit. Il y a des ouvriers en bâtiments, en couleurs, en formes et en phrases ; moi, je suis ouvrier en batailles. C'est mon état. — A trente-cinq ans, j'en ai déjà fabriqué dix-huit qui s'appellent : Victoires. — Il faut bien qu'on me paye mon ouvrage. Et le payer d'un trône, ce n'est pas trop cher. — D'ailleurs je travaillerai toujours. Vous en verrez bien d'autres. Vous verrez toutes les dynasties dater de la mienne, tout parvenu que je suis, et élu. Élu, comme vous, Saint-Père, et tiré de la foule. Sur ce point nous pouvons nous donner la main.

Et, s'approchant, il tendit sa main blanche et brusque vers la main décharnée et timide du bon Pape, qui, peut-être attendri par le ton de bonhomie de ce dernier mouvement de l'Empereur, peut-être par un retour secret sur sa propre destinée et une triste pensée sur l'avenir des sociétés chrétiennes, lui donna doucement le bout de ses doigts, tremblants encore, de l'air d'une grand'-mère qui se raccommode avec un enfant qu'elle avait eu le chagrin de gronder trop fort. Cependant il secoua la tête avec tristesse, et je vis rouler de ses beaux yeux une larme qui glissa rapidement sur sa joue livide et desséchée. Elle me parut le dernier adieu du Christianisme mourant qui abandonnait la terre à l'égoïsme et au hasard.

Bonaparte jeta un regard furtif sur cette larme arrachée à ce pauvre cœur, et je surpris même, d'un côté de sa bouche, un mouvement rapide qui ressemblait à un sourire de triomphe. — En ce moment, cette nature toute-puissante me parut moins élevée et moins exquise que celle de son saint adversaire; cela me fit rougir, sous mes rideaux, de tous mes enthousiasmes passés; je sentis une tristesse toute nouvelle en découvrant combien la plus haute grandeur politique pouvait devenir petite dans ses froides ruses de vanité, ses piéges misérables et ses noirceurs de roué. Je vis qu'il n'avait rien voulu de son prisonnier, et que c'était une joie tacite qu'il s'était donnée de n'avoir pas faibli dans ce tête-à-tête, et s'étant laissé surprendre à l'émotion de la colère, de faire fléchir le captif sous l'émotion de la fatigue, de la crainte et de toutes les faiblesses qui amènent un attendrissement inexplicable sur la paupière d'un vieillard. — Il avait voulu avoir le dernier et sortit, sans ajouter un mot, aussi brusquement qu'il était entré. Je ne vis pas s'il avait salué le Pape. Je ne le crois pas.

CHAPITRE VI.

UN HOMME DE MER.

Sitôt que l'Empereur fut sorti de l'appartement, deux ecclésiastiques vinrent auprès du Saint-Père, et l'emmenèrent en le soutenant sous chaque bras, atterré, ému et tremblant.

Je demeurai jusqu'à la nuit dans l'alcôve d'où j'avais écouté cet entretien. Mes idées étaient confondues, et la terreur de cette scène n'était pas ce qui les dominait. J'étais accablé de ce que j'avais vu ; et sachant à présent à quels calculs mauvais l'ambition toute personnelle pouvait faire descendre le génie, je haïssais cette passion qui venait de flétrir, sous mes yeux, le plus brillant des Dominateurs, celui qui donnera peut-être son nom au siècle pour l'avoir arrêté dix ans dans sa marche. — Je sentis que c'était folie de se dévouer à un homme, puisque l'autorité despotique ne peut manquer de rendre mauvais nos faibles cœurs ; mais je ne savais à quelle idée me donner désormais. Je vous l'ai dit, j'avais dix-huit ans alors, et je n'avais encore en moi qu'un instinct vague du Vrai, du Bon et du Beau, mais assez obstiné pour m'attacher sans cesse à cette recherche. C'est la seule chose que j'estime en moi.

Je jugeai qu'il était de mon devoir de me taire sur ce que j'avais vu ; mais j'eus lieu de croire que l'on s'était aperçu de ma disparition momentanée de la suite de l'Empereur, car voici ce qui m'arriva. Je ne remarquai dans les manières du maître aucun changement à mon égard. Seulement, je passai peu de jours près de lui, et l'étude attentive que j'avais voulu faire de son caractère fut brusquement arrêtée. Je reçus un matin l'ordre de partir sur-le-champ pour le camp de Boulogne, et à mon arrivée, l'ordre de m'embarquer sur un des bateaux plats que l'on essayait en mer.

Je partis avec moins de peine que si l'on m'eût annoncé ce voyage avant la scène de Fontainebleau. Je respirai en m'éloignant de ce vieux château et de sa forêt, et à ce soulagement involontaire je sentis que mon *Séidisme* était mordu au cœur. Je fus attristé d'abord de cette première découverte, et je tremblais pour l'éblouissante illusion qui faisait pour moi un devoir de mon dévouement aveugle. Le grand égoïste s'était montré à nu devant moi ; mais à mesure que je m'éloignai de lui je commençai à le contempler dans ses œuvres, et il reprit encore sur moi, par cette vue, une partie du magique ascendant par lequel il avait fasciné le monde. — Cependant ce fut plutôt l'idée gigantesque de la guerre qui désormais m'apparut, que celle de l'homme qui la représentait d'une si redoutable façon, et je sentis à cette grande vue un enivrement insensé redoubler en moi pour la gloire des combats, m'étourdissant sur le maître qui les ordonnait, et regardant avec orgueil le travail perpétuel des hommes qui ne me parurent tous que ses humbles ouvriers.

Le tableau était homérique en effet, et bon à prendre des écoliers par l'étourdissement des actions multipliées. Quelque chose de faux s'y démêlait pourtant et se montrait vaguement à moi, mais sans netteté encore, et je sentais le besoin d'une vue meilleure que la mienne qui me fît découvrir le fond de tout cela. Je venais d'apprendre à mesurer le Capitaine, il me fallait sonder la guerre. — Voici quel nouvel événement me donna cette seconde leçon ; car j'ai reçu trois rudes enseignements dans ma vie, et je vous les raconte après les avoir médités tous les jours. Leurs secousses me furent violentes, et la dernière acheva de renverser l'idole de mon âme.

L'apparente démonstration de conquête et de débarquement en Angleterre, l'évocation des souvenirs de Guillaume le Conquérant, la découverte du camp de César, à Boulogne, le rassemblement subit de neuf cents bâtiments dans ce port, sous la protection d'une flotte de cinq cents voiles, toujours annoncée ; l'établissement des camps de Dunkerque et d'Ostende, de Calais, de Montreuil et de Saint-Omer, sous les ordres de quatre maréchaux ; le trône militaire d'où tombèrent les premières étoiles de la Légion d'honneur, les revues, les fêtes, les attaques partielles, tout cet éclat réduit, selon le langage géométrique, à sa plus simple expression, eut trois buts : inquiéter l'Angleterre, assoupir l'Europe, concentrer et enthousiasmer l'armée.

Ces trois points dépassés, Bonaparte laissa tomber pièce à pièce la machine artificielle qu'il avait fait jouer à Boulogne. Quand j'y arrivai, elle jouait à vide comme celle de Marly. Les généraux y faisaient encore les faux mouvements d'une ardeur simulée dont ils n'avaient pas la conscience. On continuait à jeter encore à la mer quelques malheureux bateaux dédaignés par les Anglais et coulés par eux de temps à autre. Je reçus un commandement sur l'une de ces embarcations, dès le lendemain de mon arrivée.

Ce jour-là, il y avait en mer une seule frégate anglaise. Elle courait des bordées avec une majestueuse lenteur, elle allait, elle venait, elle virait, elle se penchait, elle se relevait, elle se mirait, elle glissait, elle s'arrêtait, elle jouait au soleil comme un cygne qui se baigne. Le misérable bateau plat de nouvelle et mauvaise invention s'était risqué fort avant avec quatre autres bâtiments pareils ; et nous étions tout fiers de notre audace, lancés ainsi depuis le matin, lorsque nous découvrîmes tout à coup les paisibles jeux de la frégate. Ils nous eussent sans doute paru fort gracieux et poétiques vus de la terre ferme, ou seulement si elle se fût amusée à prendre ses ébats entre l'Angleterre et nous ; mais c'était, au contraire, entre nous et la France. La côte de Boulogne était à plus d'une lieue. Cela nous rendit pensifs. Nous fîmes force de nos mauvaises voiles et de nos plus mauvaises rames, et pendant que nous nous démenions, la paisible frégate continuait à prendre son bain de mer et à décrire mille contours agréables autour de nous, faisant le manége, changeant de main comme un cheval bien dressé, et dessinant des S et des Z sur l'eau de la façon la plus aimable. Nous remarquâmes qu'elle eut la bonté de nous laisser passer plusieurs fois devant elle sans tirer un coup de canon, et même tout d'un coup elle les retira tous dans l'intérieur et ferma tous ses sabords. Je crus d'abord que c'était une manœuvre toute pacifique et je ne comprenais rien à cette politesse. — Mais un gros vieux marin me donna un coup de coude et me dit : Voici qui va mal. En effet, après nous avoir bien laissés courir devant elle comme des souris devant un chat, l'aimable et belle frégate arriva sur nous à toutes voiles sans daigner faire feu, nous heurta de sa proue comme un cheval du poitrail, nous brisa, nous écrasa, nous coula et passa joyeusement par-dessus nous, laissant quelques canots pêcher les prisonniers, desquels je fus, moi dixième, sur deux cents hommes que nous étions au départ. La belle frégate se nommait *la Naïade,* et pour ne pas perdre l'habitude française des jeux de mots, vous pensez bien que nous ne manquâmes jamais de l'appeler depuis *la Noyade.*

J'avais pris un bain si violent que l'on était sur le point de me rejeter comme mort dans la mer, quand un officier qui visitait mon portefeuille y trouva la lettre de mon père que vous venez de lire et la signature de lord Collingwood. Il me fit donner des soins plus attentifs; on me trouva quelques signes de vie, et quand je repris connaissance, ce fut, non à bord de la gracieuse *Naïade*, mais sur *la Victoire* (*the Victory*). Je demandai qui commandait cet autre navire. On me répondit laconiquement : Lord Collingwood. Je crus qu'il était fils de celui qui avait connu mon père ; mais quand on me conduisit à lui, je fus détrompé. C'était le même homme.

Je ne pus contenir ma surprise quand il me dit, avec une bonté toute paternelle, qu'il ne s'attendait pas à être le gardien du fils après l'avoir été du père, mais qu'il espérait qu'il ne s'en trouverait pas plus mal; qu'il avait assisté aux derniers moments de ce vieillard, et qu'en apprenant mon nom il avait voulu m'avoir à son bord ; il me parlait le meilleur français avec une douceur mélancolique dont l'expression ne m'est jamais sortie de la mémoire. Il m'offrit de rester à son bord, sur parole de ne faire aucune tentative d'évasion. J'en donnai ma parole d'honneur, sans hésiter, à la manière des jeunes gens de dix-huit ans, et me trouvant beaucoup mieux à bord de *la Victoire* que sur quelque ponton ; étonné de ne rien voir qui justifiât les préventions qu'on nous donnait contre les Anglais, je fis connaissance assez facilement avec les officiers du bâtiment, que mon ignorance de la mer et de leur langue amusait beaucoup, et qui se divertirent à me faire connaître l'une et l'autre, avec une politesse d'autant plus grande que leur amiral me traitait comme son fils. Cependant une grande tristesse me prenait quand je voyais de loin les côtes blanches de la Normandie, et je me retirais pour ne pas pleurer. Je résistais à l'envie que j'en avais, parce que j'étais jeune et courageux ; mais ensuite, dès que ma volonté ne surveillait plus mon cœur, dès que j'étais couché et endormi, les larmes sortaient de mes yeux malgré moi et trempaient mes joues et la toile de mon lit au point de me réveiller.

Un soir surtout, il y avait eu une prise nouvelle

d'un brick français ; je l'avais vu périr de loin, sans que l'on pût sauver un seul homme de l'équipage, et, malgré la gravité et la retenue des officiers, il m'avait fallu entendre les cris et les hourras des matelots qui voyaient avec joie l'expédition s'évanouir et la mer engloutir goutte à goutte cette avalanche qui menaçait d'écraser leur patrie. Je m'étais retiré et caché tout le jour dans le réduit que lord Collingwood m'avait fait donner près de son appartement, comme pour mieux déclarer sa protection, et, quand la nuit fut venue, je montai seul sur le pont. J'avais senti l'ennemi autour de moi plus que jamais, et je me mis à réfléchir sur ma destinée sitôt arrêtée, avec une amertume plus grande. Il y avait un mois déjà que j'étais prisonnier de guerre, et l'amiral Collingwood, qui, en public, me traitait avec tant de bienveillance, ne m'avait parlé qu'un instant en particulier, le premier jour de mon arrivée à son bord ; il était bon, mais froid, et, dans ses manières, ainsi que dans celles des officiers anglais, il y avait un point où tous les épanchements s'arrêtaient, et où la politique compassée se présentait comme une barrière sur tous les chemins. C'est à cela que se fait sentir la vie en pays étranger. J'y pensais avec une sorte de terreur en considérant l'abjection de ma position qui pouvait durer jusqu'à la fin de la guerre, et je voyais comme inévitable le sacrifice de ma jeunesse, anéantie dans la honteuse inutilité du prisonnier. La frégate marchait rapidement, toutes voiles dehors, et je ne la sentais pas aller. J'avais appuyé mes deux mains à un câble et mon front sur mes deux mains, et, ainsi penché, je regardais dans l'eau de la mer. Ses profondeurs vertes et sombres me donnaient une sorte de vertige, et le silence de la nuit n'était interrompu que par des cris anglais. J'espérais un moment que le navire m'emportait bien loin de la France et que je ne verrais plus le lendemain ces côtes droites et blanches, coupées dans la bonne terre chérie de mon pauvre pays. — Je pensais que je serais ainsi délivré du désir perpétuel que me donnait cette vue et que je n'aurais pas, du moins, ce supplice de ne pouvoir même songer à m'échapper sans déshonneur, supplice de Tantale, où une soif avide de la patrie devait me dévorer pour longtemps. J'étais accablé de ma solitude et je souhaitais une prochaine occasion de me faire tuer. Je rêvais à composer ma mort habilement et à la manière grande et grave des anciens. J'imaginais une fin héroïque et digne de celles qui avaient été le sujet de tant de conversations de pages et d'enfants guerriers, l'objet de tant d'envie parmi mes compagnons. J'étais dans ces rêves qui, à dix-huit ans, ressemblent plutôt à une continuation d'action et de combat qu'à une sérieuse méditation, lorsque je me sentis doucement tirer par le bras, et, en me retournant, je vis, debout derrière moi, le bon amiral Collingwood.

Il avait à la main sa lunette de nuit et il était vêtu de son grand uniforme avec la rigide tenue anglaise. Il me mit une main sur l'épaule d'une façon paternelle, et je remarquai un air de mélancolie profonde dans ses grands yeux noirs et sur son front. Ses cheveux blancs, à demi poudrés, tombaient assez négligemment sur ses oreilles, et il y avait, à travers le calme inaltérable de sa voix et de ses manières, un fond de tristesse qui me frappa ce soir-là surtout, et me donna pour lui, tout d'abord, plus de respect et d'attention.

— Vous êtes déjà triste, mon enfant, me dit-il. J'ai quelques petites choses à vous dire; voulez-vous causer un peu avec moi?

Je balbutiai quelques paroles vagues de reconnaissance et de politesse qui n'avaient pas le sens commun probablement, car il ne les écouta pas, et s'assit sur un banc, me tenant une main. J'étais debout devant lui.

— Vous n'êtes prisonnier que depuis un mois, reprit-il; et je le suis depuis trente-trois ans. Oui, mon ami, je suis prisonnier de la mer; elle me garde de tous côtés, toujours des flots et des flots; je ne vois qu'eux, je n'entends qu'eux. Mes cheveux ont blanchi sous leur écume, et mon dos s'est un peu voûté sous leur humidité. J'ai passé si peu de temps en Angleterre, que je ne la connais que par la carte. La patrie est un être idéal que je n'ai fait qu'entrevoir, mais que je sers en esclave et qui augmente pour moi de rigueur à mesure que je deviens plus nécessaire. C'est le sort commun et c'est même ce que nous devons le plus souhaiter que d'avoir de telles chaînes ; mais elles sont quelquefois bien lourdes.

Il s'interrompit un instant et nous nous tûmes tous deux, car je n'aurais pas osé dire un mot, voyant bien qu'il allait poursuivre.

— J'ai bien réfléchi, me dit-il, et je me suis interrogé sur mon devoir quand je vous ai eu à mon bord. J'aurais pu vous laisser conduire en Angleterre, mais vous auriez pu y tomber dans une misère dont je vous garantirai toujours, et dans un désespoir dont j'espère aussi vous sauver ; j'avais pour votre père une amitié bien vraie, et je lui en donnerai ici une preuve ; s'il me voit, il sera content de moi, n'est-ce pas?

L'Amiral se tut encore et me serra la main. Il s'avança même dans la nuit et me regarda attentivement, pour voir ce que j'éprouvais à mesure qu'il me parlait. Mais j'étais trop interdit pour lui répondre. Il poursuivit plus rapidement :

— J'ai déjà écrit à l'Amirauté pour qu'au premier échange vous fussiez renvoyé en France. Mais cela pourra être long, ajouta-t-il, je ne vous le cache pas ; car, outre que Bonaparte s'y prête mal, on nous fait peu de prisonniers. — En attendant, je veux vous dire que je vous verrais avec plaisir étudier la langue de vos ennemis, vous voyez que nous savons la vôtre. Si vous voulez, nous travaillerons ensemble et je vous prêterai Shakspeare et le capitaine Cook. — Ne vous affligez pas, vous serez libre avant moi, car, si l'Empereur ne fait la paix, j'en ai pour toute ma vie.

Ce ton de bonté, par lequel il s'associait à moi et nous faisait camarades, dans sa prison flottante, me fit de la peine pour lui ; je sentis que, dans cette vie sacrifiée et isolée, il avait besoin de faire du bien pour se consoler secrètement de la rudesse de sa mission toujours guerroyante.

— Milord, lui dis-je, avant de m'enseigner les mots d'une langue nouvelle, apprenez-moi les pensées par lesquelles vous êtes parvenu à ce calme parfait, à cette égalité d'âme qui ressemble à du bonheur, et qui cache un éternel ennui... Pardonnez-moi ce que je vais vous dire, mais je crains que cette vertu ne soit qu'une dissimulation perpétuelle.

— Vous vous trompez grandement, dit-il, le sentiment du Devoir finit par dominer tellement l'esprit, qu'il entre dans le caractère et devient un de ses traits principaux, justement comme une saine nourriture, perpétuellement reçue, peut changer la masse du sang et devenir un des principes de notre constitution. J'ai éprouvé, plus que tout homme peut-être, à quel point il est facile d'arriver à s'oublier complétement. Mais on ne peut dépouiller l'homme tout entier, et il y a des choses qui tiennent plus au cœur que l'on ne voudrait.

Là, il s'interrompit et prit sa longue lunette. Il la plaça sur mon épaule pour observer une lumière lointaine qui glissait à l'horizon, et, sachant à l'instant au mouvement ce que c'était : — Bateaux pêcheurs, — dit-il, et il se plaça près de moi, assis sur le bord du navire. Je voyais qu'il avait depuis longtemps quelque chose à me dire qu'il n'abordait pas.

— Vous ne me parlez jamais de votre père, me dit-il tout à coup ; je suis étonné que vous ne m'interrogiez pas sur lui, sur ce qu'il a souffert, sur ce qu'il a dit, sur ses volontés.

Et comme la nuit était très-claire, je vis encore que j'étais attentivement observé par ses grands yeux noirs.

— Je craignais d'être indiscret... lui dis-je avec embarras.

Il me serra le bras, comme pour m'empêcher de parler davantage.

— Ce n'est pas cela, dit-il, *my child*, ce n'est pas cela.

Et il secouait la tête avec doute et bonté.

— J'ai trouvé peu d'occasions de vous parler, milord.

— Encore moins, interrompit-il ; vous m'auriez parlé de cela tous les jours, si vous l'aviez voulu.

Je remarquai de l'agitation et un peu de reproche dans son accent. C'était là ce qui lui tenait au cœur. Je m'avisai encore d'une autre sotte réponse pour me justifier; car rien ne rend aussi niais que les mauvaises excuses.

— Milord, lui dis-je, le sentiment humiliant de la captivité absorbe plus que vous ne pouvez croire. — Et je me souviens que je crus prendre en disant cela un air de dignité et une contenance de Régulus, propres à lui donner un grand respect pour moi.

— Ah! pauvre garçon! pauvre enfant! — *poor boy!* me dit-il, vous n'êtes pas dans le vrai. Vous ne descendez pas en vous-même. Cherchez bien, et vous trouverez une indifférence dont vous n'êtes pas comptable, mais bien la destinée militaire de votre pauvre père.

Il avait ouvert le chemin à la vérité, je la laissai partir.

— Il est certain, dis-je, que je ne connaissais pas mon père, je l'ai à peine vu à Malte, une fois.

— Voilà le vrai! cria-t-il. Voilà le cruel, mon ami! Mes deux filles diront un jour comme cela. Elles diront : *Nous ne connaissons pas notre père!*

Sarah et Mary diront cela! et cependant je les aime avec un cœur ardent et tendre, je les élève de loin, je les surveille de mon vaisseau, je leur écris tous les jours, je dirige leurs lectures, leurs travaux, je leur envoie des idées et des sentiments, je reçois en échange leurs confidences d'enfants; je les gronde, je m'apaise, je me réconcilie avec elles; je sais tout ce qu'elles font! je sais quel jour elles ont été au temple avec de trop belles robes. Je donne à leur mère de continuelles instructions pour elles, je prévois d'avance qui les aimera, qui les demandera, qui les épousera; leurs maris seront mes fils; j'en fais des femmes pieuses et simples : on ne peut pas être plus père que je ne le suis... Eh bien! tout cela n'est rien, parce qu'elles ne me voient pas.

Il dit ces derniers mots d'une voix émue, au fond de laquelle on sentait des larmes... Après un moment de silence, il continua :

— Oui, Sarah ne s'est jamais assise sur mes genoux que lorsqu'elle avait deux ans, et je n'ai tenu Mary dans mes bras que lorsque ses yeux n'étaient pas ouverts encore. Oui, il est juste que vous ayez été indifférent pour votre père et qu'elles le deviennent un jour pour moi. On n'aime pas un invisible. — Qu'est-ce pour elles que leur père? une lettre de chaque jour. Un conseil plus ou moins froid. — On n'aime pas un conseil, on aime un être, — et un être qu'on ne voit pas n'est pas, on ne l'aime pas, — et quand il est mort, il n'est pas plus absent qu'il n'était déjà, — et on ne le pleure pas.

Il étouffait et il s'arrêta. — Ne voulant pas aller plus loin dans ce sentiment de douleur devant un étranger, il s'éloigna, il se promena quelque temps et marcha sur le pont de long en large. Je fus d'abord très-touché de cette vue, et ce fut un remords qu'il me donna de n'avoir pas assez senti ce que vaut un père, et je dus à cette soirée la première émotion bonne, naturelle, sainte, que mon cœur ait éprouvée. A ces regrets profonds, à cette tristesse insurmontable au milieu du plus brillant éclat militaire, je compris tout ce que j'avais perdu en ne connaissant pas l'amour du foyer qui pouvait laisser dans un grand cœur de si cuisants regrets ; je compris tout ce qu'il y avait de factice dans notre éducation barbare et brutale, dans notre besoin insatiable d'action étourdissante ; je vis, comme par une révélation soudaine du cœur, qu'il y avait une vie adorable et regrettable dont j'avais été arraché violemment, une vie véritable d'amour paternel, en échange de laquelle on nous faisait une vie fausse, toute composée de haines et de toutes sortes de vanités puériles ; je compris qu'il n'y avait qu'une chose plus belle que la famille et à laquelle on pût saintement l'immoler : c'était l'autre famille, la Patrie. Et tandis que le vieux brave, s'éloignant de moi, pleurait parce qu'il était bon, je mis ma tête dans mes deux mains, et je pleurai de ce que j'avais été jusque-là si mauvais.

Après quelques minutes, l'Amiral revint à moi.

— J'ai à vous dire, reprit-il d'un ton plus ferme, que nous ne tarderons pas à nous rapprocher de la France. Je suis une éternelle sentinelle placée devant vos ports. Je n'ai qu'un mot à ajouter, et j'ai voulu que ce fût seul à seul : souvenez-vous que vous êtes ici sur votre parole, et que je ne vous surveillerai point; mais, mon enfant, plus le temps passera, plus l'épreuve sera forte. Vous êtes bien jeune encore; si la tentation devient trop grande pour que votre courage y résiste, venez me trouver quand vous craindrez de succomber, et ne vous cachez pas de moi, je vous sauverai d'une action déshonorante que, par malheur pour leurs noms, quelques officiers ont commise. Souvenez-vous qu'il est permis de rompre une chaîne de galérien, si l'on peut, mais non une parole d'honneur. — Et il me quitta sur ces derniers mots en me serrant la main.

Je ne sais si vous avez remarqué, en vivant, monsieur, que les révolutions qui s'accomplissent dans notre âme dépendent souvent d'une journée, d'une heure, d'une conversation mémorable et imprévue qui nous ébranle et jette en nous comme des germes tout nouveaux qui croissent lentement, dont le reste de nos actions est seulement la conséquence et le naturel développement. Telles furent pour moi la matinée de Fontainebleau et la nuit du vaisseau anglais. L'amiral Collingwood me laissa en proie à un combat nouveau. Ce qui n'était en moi qu'un ennui profond de la captivité et une immense et juvénile impatience d'agir devint un besoin effréné de la Patrie ; à voir quelle douleur minait à la longue un homme toujours séparé de la terre maternelle, je me sentis une grande hâte de connaître et d'adorer la mienne ; je m'inventai des biens passionnés qui ne m'attendaient pas en effet ; je m'imaginai une famille et me mis à rêver à des parents que j'avais à peine connus et que je me reprochais de n'avoir pas assez chéris, tandis qu'habitués à me compter pour rien ils vivaient dans leur froideur et leur égoïsme, parfaitement indifférents à mon existence abandonnée et manquée. Ainsi le bien même tourna au mal en moi ; ainsi le sage conseil que le brave Amiral avait cru devoir me donner, il me l'avait apporté tout entouré d'une émotion qui lui était propre et qui parlait plus haut que lui ; sa voix troublée m'avait plus touché que la sagesse de ses paroles ; et tandis qu'il croyait resserrer ma chaîne, il avait excité plus vivement en moi le désir effréné de la rompre. — Il en est ainsi presque toujours de tous les conseils écrits ou parlés. L'expérience seule et le raisonnement qui sort de nos propres réflexions peuvent nous instruire. Voyez, vous qui vous en mêlez, l'inutilité des belles-lettres. A quoi servez-vous? qui convertissez-vous? et de qui êtes-vous jamais compris, s'il vous plaît? Vous faites presque toujours réussir la cause contraire à celle que vous plaidez. Regardez, il y en a un qui fait de Clarisse le plus beau poëme épique possible sur la vertu de la femme ; — qu'arrive-t-il? On prend le contre-pied et l'on se passionne pour Lovelace, qu'elle écrase pourtant de sa splendeur virginale, que le viol même n'a pas ternie; pour Lovelace, qui se traîne en vain à genoux pour implorer la grâce de sa victime sainte, et ne peut fléchir cette âme que la chute de son corps n'a pu souiller. Tout tourne mal dans les enseignements. Vous ne servez à rien qu'à remuer des vices, qui, fiers de ce que vous les peignez, viennent se mirer dans votre tableau et se trouver beaux. — Il est vrai que cela vous est égal ; mais mon simple et bon Collingwood m'avait pris vraiment en amitié, et ma conduite ne lui était pas indifférente. Aussi trouva-t-il d'abord beaucoup de plaisir à me voir livré à des études sérieuses et constantes. Dans ma retenue habituelle et mon silence il trouvait aussi quelque chose qui sympathisait avec la gravité anglaise, et il prit l'habitude de s'ouvrir à moi dans mainte occasion et de me confier des affaires qui n'étaient pas sans importance. Au bout de quelque temps on me considéra comme son secrétaire et son parent, et je parlais assez bien l'anglais pour ne plus paraître trop étranger.

Cependant c'était une vie cruelle que je menais, et je trouvais bien longues les journées mélancoliques de la mer. Nous ne cessâmes, durant des années entières, de rôder autour de la France, et sans cesse je voyais se dessiner à l'horizon les côtes de cette terre que Grotius a nommée — le plus beau royaume après celui du ciel; — puis nous retournions à la mer, et il n'y avait plus autour de moi, pendant des mois entiers, que des brouillards et des montagnes d'eau. Quand un navire passait près de nous ou loin de nous, c'est qu'il était anglais ; aucun autre n'avait permission de se livrer au vent, et l'Océan n'entendait plus une parole qui ne fût anglaise. Les Anglais même en étaient attristés et se plaignaient qu'à présent l'Océan fût devenu un désert où ils se rencontraient éternellement, et l'Europe une forteresse qui leur était fermée. — Quelquefois ma prison de bois s'avançait si près de la terre, que je pouvais distinguer des hommes et des enfants qui marchaient sur le rivage. Alors le cœur me battait violemment, et une rage intérieure me dévorait avec tant de violence, que j'allais me cacher à fond de cale, pour ne pas succomber au désir de me jeter à la nage ; mais quand je revenais auprès de l'infatigable Collingwood, j'avais honte de mes faiblesses d'enfant, je ne pouvais me lasser d'admirer comment à une tristesse si profonde il unissait un courage si agissant. Cet homme qui, depuis quarante ans, ne connaissait que la guerre et la mer, ne cessait jamais de s'appliquer à leur étude comme à une science inépuisable. Quand un navire était las, il en montait un autre comme un cavalier impitoyable ; il les usait et les tuait sous lui. Il en fatigua sept avec moi. Il passait les nuits tout habillé, assis sur ses canons, ne cessant de calculer l'art de tenir son navire immobile, en sentinelle, au même point de la mer, sans être à l'ancre, à travers les vents et les orages ; exerçait sans cesse ses équipages et veillait sur eux et pour eux ; cet homme n'avait joui d'aucune richesse ; et tandis qu'on le nommait pair d'Angleterre, il aimait sa soupière d'étain comme un matelot ; puis redescendu chez lui, il redevenait père de famille et écrivait à ses filles de ne pas être de belles dames, de lire, non des romans, mais l'histoire des voyages, des essais et Shakspeare tant qu'il leur plairait (*as often as they please*) ; il écrivait : — « Nous avons combattu le jour de la naissance de ma petite Sarah, » — après la bataille de Trafalgar, que j'eus la douleur de lui voir gagner, et dont il avait tracé le plan avec son ami Nelson à qui il succéda. — Quelquefois il sentait sa santé s'affaiblir, il demandait grâce à l'Angleterre ; mais l'inexorable lui répondait : *Restez en mer*, et lui envoyait une dignité ou une médaille d'or par chaque belle action; sa poitrine en était surchargée. Il écrivait encore : « Depuis que j'ai quitté mon pays, je n'ai pas passé *dix jours* dans un port, mes yeux s'affaiblissent; quand je pourrai voir mes enfants, la mer m'aura rendu aveugle. Je gémis de ce que sur tant d'officiers il est si difficile de me trouver un remplaçant supérieur en habileté. » L'Angleterre répondait : *Vous resterez en mer, toujours en mer.* Et il y resta jusqu'à sa mort.

Cette vie romaine et imposante m'écrasait par son élévation et me touchait par sa simplicité, lorsque je l'avais contemplée un jour seulement, dans sa résignation grave et réfléchie. Je me prenais en grand mépris, moi qui n'étais rien comme citoyen, rien comme père, ni comme fils, ni comme frère, ni homme de famille, ni homme public, de me plaindre quand il ne se plaignait pas. Il ne s'était laissé deviner qu'une fois malgré lui, et moi, fourmi d'entre les fourmis que foulait aux pieds le sultan de la France, je me reprochais mon désir secret de retourner me livrer au hasard de ses caprices et de redevenir un des grains de cette poussière qu'il pétrissait dans le sang. — La vue de ce vrai citoyen dévoué, non comme je l'avais été, à un homme, mais à la Patrie et au Devoir, me fut une heureuse rencontre, car j'appris, à cette école sévère, quelle est la véritable Grandeur que nous devons désormais chercher dans les armes, et combien, lorsqu'elle est ainsi comprise, elle élève notre profession au-dessus de toutes les autres, et peut laisser digne d'admiration la mémoire de quelques-uns de nous, quel que soit l'avenir de la guerre et des armées. Jamais aucun homme ne posséda à un plus haut degré cette paix intérieure qui naît du sentiment du Devoir sacré, et la modeste insouciance d'un soldat à qui il importe peu que son nom soit célèbre, pourvu que la chose publique prospère. Je lui vis écrire un jour : — « Maintenir l'indépendance de mon pays est la première volonté de ma vie, et j'aime mieux que mon corps soit ajouté au rempart de la Patrie que traîné dans une pompe inutile, à travers une foule oisive. — Ma vie et mes forces sont dues à l'Angleterre. — Ne parlez pas de ma blessure dernière, on croirait que je me glorifie de mes dangers. » — Sa tristesse était profonde, mais pleine de Grandeur ; elle n'empêchait pas son activité perpétuelle, et il me donna la mesure de ce que doit être l'homme de guerre intelligent, exerçant, non en ambitieux, mais en artiste, *l'art de la guerre,* tout en le jugeant de haut et en le méprisant maintes fois, comme ce Montecuculli qui, Turenne étant tué, se retira, ne daignant plus engager la partie contre un joueur ordinaire. Mais j'étais trop jeune encore pour comprendre tous les mérites de ce caractère, et ce qui me saisit le plus fut l'ambition de tenir, dans mon pays, un rang pareil au sien. Lorsque je voyais les Rois du Midi lui demander sa protection, et Napoléon même s'émouvoir de l'espoir que Collingwood était dans les mers de l'Inde, j'en venais jusqu'à appeler de tous mes vœux l'occasion de m'échapper, et je poussai la hâte de l'ambition que je nourrissais toujours jusqu'à être près de manquer à ma parole. Oui, j'en vins jusque-là.

Un jour, le vaisseau *l'Océan,* qui nous portait, vint relâcher à Gibraltar. Je descendis à terre avec l'Amiral, et en me promenant seul par la ville je rencontrai un officier du 7ᵉ de hussards qui avait été fait prisonnier dans la campagne d'Espagne, et conduit à Gibraltar avec quatre de ses camarades. Ils avaient la ville pour prison, mais ils y étaient surveillés de près. J'avais connu cet officier en France. Nous nous retrouvâmes avec plaisir, dans une situation à peu près semblable. Il y avait si longtemps qu'un Français ne m'avait parlé français, que je le trouvai éloquent, quoiqu'il fût parfaitement sot, et, au bout d'un quart d'heure, nous nous ouvrîmes l'un à l'autre sur notre position. Il me dit tout de suite franchement qu'il allait se sauver avec ses camarades ; qu'ils avaient trouvé une occasion excellente, et qu'il ne se le ferait pas dire deux fois pour les suivre. Il m'engagea fort à en faire autant. Je lui répondis qu'il était bien heureux d'être gardé ; mais que moi, qui ne l'étais pas, je ne pouvais pas me sauver sans déshonneur, et que lui, ses compagnons et moi n'étions point dans le même cas. Cela lui parut trop subtil.

— Ma foi ! je ne suis pas casuiste, me dit-il, et si tu veux je t'enverrai à un évêque qui t'en dira son opinion. Mais à ta place je partirais. Je ne vois que deux choses, être libre ou ne pas l'être. Sais-tu bien que ton avancement est perdu, depuis plus de cinq ans que tu traînes dans ce sabot anglais? Les lieutenants du même temps que toi sont déjà colonels.

Là-dessus ses compagnons survinrent, et m'entraînèrent dans une maison d'assez mauvaise mine, où ils buvaient du vin de Xérès, et là ils me citèrent tant de capitaines devenus généraux, et de sous-lieutenants vice-rois, que la tête m'en tourna, et je leur promis de me trouver, le surlendemain à minuit, dans le même lieu. Un petit canot devait nous y prendre, loué à d'honnêtes contrebandiers qui nous conduiraient à bord d'un vaisseau français, chargé de mener des blessés de notre armée à Toulon. L'invention me parut admirable, et mes bons compagnons, m'ayant fait boire force rasades pour calmer les murmures de ma conscience, terminèrent leurs discours par un argument victorieux, jurant sur leur tête qu'on pourrait avoir, à la rigueur, quelques égards pour un honnête homme qui vous avait bien traité, mais que tout les confirmait dans la certitude qu'un Anglais n'était pas un homme.

Je revins assez pensif à bord de *l'Océan,* et lorsque j'eus dormi, et que je vis clair dans ma position en m'éveillant, je me demandai si mes compatriotes ne s'étaient point moqués de moi. Cependant le désir de la liberté et une ambition toujours poignante et excitée depuis mon enfance, me poussaient à l'évasion, malgré la honte que j'éprouvais de fausser mon serment. Je passai un jour entier près de l'Amiral sans oser le regarder en face, et je m'étudiai à le trouver inférieur et d'intelligence étroite. — Je parlai tout haut à table, avec arrogance, de la grandeur de Napoléon ; je m'exaltai, je vantai son génie universel, qui devinait les lois en faisant les codes, et l'avenir en faisant des événements. J'appuyai avec insolence sur la supériorité de ce génie, comparée au médiocre talent des hommes de tactique et de manœuvre. J'espérais être contredit; mais, contre mon attente, je trouvai dans les officiers anglais plus d'admiration encore pour l'Empereur que je ne pouvais en montrer pour leur implacable ennemi. Lord Collingwood surtout, sortant de son silence triste et de ses méditations continuelles, le loua dans des termes si justes, si énergiques, si précis, faisant considérer à la fois, à ses officiers, la grandeur des prévisions de l'Empereur, la promptitude magique de son exécution, la fermeté de ses ordres, la certitude de son jugement, sa pénétration dans les négociations, sa justesse d'idées dans les conseils, sa grandeur dans les batailles, son calme dans les dangers, sa constance dans la préparation des entreprises, sa fierté dans l'attitude donnée à la France, et enfin toutes les qualités qui composent le grand homme, que je me demandai ce que l'histoire pourrait jamais ajouter à cet éloge, et je fus atterré, parce que j'avais cherché à m'irriter contre l'Amiral, espérant lui entendre proférer des accusations injustes.

J'aurais voulu, méchamment, le mettre dans

son tort, et qu'un mot inconsidéré ou insultant de sa part servît de justification à la déloyauté que je méditais. Mais il semblait qu'il prît à tâche, au contraire, de redoubler de bontés, et son empressement faisant supposer aux autres que j'avais quelque nouveau chagrin dont il était juste de me consoler, ils furent tous pour moi plus attentifs et plus indulgents que jamais. J'en pris de l'humeur et je quittai la table.

L'Amiral me conduisit encore à Gibraltar le lendemain, pour mon malheur. Nous y devions passer huit jours. — Le soir de l'évasion arriva. — Ma tête bouillonnait et je délibérais toujours. Je me donnais de spécieux motifs et je m'étourdissais sur leur fausseté ; il se livrait en moi un combat violent ; mais, tandis que mon âme se tordait et se roulait sur elle-même, mon corps, comme s'il eût été arbitre entre l'ambition et l'honneur, suivait, à lui tout seul, le chemin de la fuite. J'avais fait, sans m'en apercevoir moi-même, un paquet de mes hardes, et j'allais me rendre, de la maison de Gibraltar où nous étions, à celle du rendez-vous, lorsque tout à coup je m'arrêtai, et je sentis que cela était impossible. — Il y a dans les actions honteuses quelque chose d'empoisonné qui se fait sentir aux lèvres d'un homme de cœur sitôt qu'il touche les bords du vase de perdition. Il ne peut même pas y goûter sans être prêt à en mourir. — Quand je vis ce que j'allais faire et que j'allais manquer à ma parole, il me prit une telle épouvante que je crus que j'étais devenu fou. Je courus sur le rivage et m'enfuis de la maison fatale comme d'un hôpital de pestiférés, sans oser me retourner pour la regarder. — Je me jetai à la nage et j'abordai, dans la nuit, *l'Océan*, notre vaisseau, ma flottante prison. J'y montai avec emportement, me cramponnant à ses câbles; et quand je fus sur le pont, je saisis le grand mât, je m'y attachai avec passion, comme à un asile qui me garantissait du déshonneur, et, au même instant, le sentiment de la Grandeur de mon sacrifice me déchirant le cœur, je tombai à genoux, et, appuyant mon front sur les cercles de fer du grand mât, je me mis à fondre en larmes comme un enfant. —

Le capitaine de *l'Océan*, me voyant dans cet état, me crut ou fit semblant de me croire malade, et me fit porter dans ma chambre. Je le suppliai à grands cris de mettre une sentinelle à ma porte pour m'empêcher de sortir. On m'enferma et je respirai, délivré enfin du supplice d'être mon propre geôlier. Le lendemain, au jour, je me vis en pleine mer, et je jouis d'un peu plus de calme en perdant de vue la terre, objet de toute tentation malheureuse dans ma situation. J'y pensais avec plus de résignation, lorsque ma petite porte s'ouvrit, et le bon Amiral entra seul.

— Je viens vous dire adieu, commença-t-il d'un air moins grave que de coutume ; vous partez pour la France demain matin.

— Oh ! mon Dieu ! Est-ce pour m'éprouver que vous m'annoncez cela, milord ?

— Ce serait un jeu bien cruel, mon enfant, reprit-il ; j'ai déjà eu envers vous un assez grand tort. J'aurais dû vous laisser en prison dans *le Northumberland* en pleine terre et vous rendre votre parole. Vous auriez pu conspirer sans remords contre vos gardiens, et user d'adresse, sans scrupule, pour vous échapper. Vous avez souffert davantage, ayant plus de liberté; mais, grâce à Dieu! vous avez résisté hier à une occasion qui vous déshonorait. — C'eût été échouer au port, car depuis quinze jours je négociais votre échange, que l'amiral Rosily vient de conclure. — J'ai tremblé pour vous hier, car je savais le projet de vos camarades. Je les ai laissés s'échapper à cause de vous, dans la crainte qu'en les arrêtant on ne vous arrêtât. Et comment aurions-nous fait pour cacher cela? Vous étiez perdu, mon enfant, et, croyez-moi, mal reçu des vieux braves de Napoléon. Ils ont le droit d'être difficiles en Honneur.

J'étais si troublé que je ne savais comment le remercier; il vit mon embarras, et, se hâtant de couper les mauvaises phrases par lesquelles j'essayais de balbutier que je le regrettais :

— Allons, allons, me dit-il, pas de ce que nous appelons *French compliments* : nous sommes contents l'un de l'autre, voilà tout; et vous avez, je crois, un proverbe qui dit : *Il n'y a pas de belle pri-*

son. — Laissez moi mourir dans la mienne, mon ami; je m'y suis accoutumé, moi, il l'a bien fallu. Mais cela ne durera plus bien longtemps; je sens mes jambes trembler sous moi et s'amaigrir. Pour la quatrième fois, j'ai demandé le repos à lord Mulgrave, et il m'a encore refusé; il m'a écrit qu'il ne sait comment me remplacer. Quand je serai mort, il faudra bien qu'il trouve quelqu'un cependant, et il ne ferait pas mal de prendre ses précautions. — Je vais rester en sentinelle dans la Méditerranée; mais vous, *my child,* ne perdez pas de temps. Il y a là un *sloop* qui doit vous conduire. Je n'ai qu'une chose à vous recommander, c'est de vous dévouer à un Principe plutôt qu'à un Homme. L'amour de votre Patrie en est un assez grand pour remplir tout un cœur et occuper toute une intelligence.

— Hélas! dis-je, milord, il y a des temps où l'on ne peut pas aisément savoir ce que veut la Patrie. Je vais le demander à la mienne.

Nous nous dîmes encore une fois adieu, et, le cœur serré, je quittai ce digne homme, dont j'appris la mort peu de temps après. — Il mourut en pleine mer, comme il avait vécu durant quarante-neuf ans, sans se plaindre ni se glorifier, et sans avoir revu ses deux filles. Seul et sombre comme un de ces vieux dogues d'Ossian qui gardent éternellement les côtes d'Angleterre dans les flots et les brouillards.

J'avais appris, à son école, tout ce que les exils de la guerre peuvent faire souffrir, et tout ce que le sentiment du Devoir peut dompter dans une grande âme; bien pénétré de cet exemple et devenu plus grave par mes souffrances et le spectacle des siennes, je vins à Paris me présenter, avec l'expérience de ma prison, au maître tout-puissant que j'avais quitté.

CHAPITRE VII.

RÉCEPTION.

Ici le capitaine Renaud s'étant interrompu, je regardai l'heure à ma montre. Il était deux heures après minuit. Il se leva et nous marchâmes au milieu des grenadiers. Un silence profond régnait partout. Beaucoup s'étaient assis sur leurs sacs et s'y étaient endormis. Nous nous plaçâmes à quelques pas de là, sur le parapet, et il continua son récit après avoir rallumé son cigare à la pipe d'un soldat. Il n'y avait pas une maison qui donnât signe de vie.

———

Dès que je fus arrivé à Paris, je voulus voir l'Empereur. J'en eus occasion au spectacle de la cour, où me conduisit un de mes anciens camarades, devenu colonel. C'était là-bas, aux Tuileries. Nous nous plaçâmes dans une petite loge, en face de la loge impériale, et nous attendîmes. Il n'y avait encore dans la salle que les Rois. Chacun d'eux, assis dans une loge, aux premières, avait autour de lui sa cour, et devant lui, aux galeries, ses aides de camp et ses généraux familiers. Les Rois de Westphalie, de Saxe et de Wurtemberg, tous les princes de la confédération du Rhin, étaient placés au même rang. Près d'eux, debout, parlant haut et vite, Murat, Roi de Naples, secouant ses cheveux noirs, bouclés comme une crinière, et jetant des regards de lion. Plus haut, le Roi d'Espagne, et seul, à l'écart, l'ambassadeur de Russie, le prince Kourakim, chargé d'épaulettes de diamants. Au parterre, la foule des généraux, des ducs, des princes, des colonels et des sénateurs. Partout en haut, les bras nus et les épaules découvertes, des femmes de la cour.

La loge que surmontait l'aigle était vide encore; nous la regardions sans cesse. Après peu de temps, les Rois se levèrent et se tinrent debout. L'Empereur entra seul dans sa loge, marchant vite; se jeta vite sur son fauteuil et lorgna en face de lui, puis se souvint que la salle entière était debout et attendait un regard, secoua la tête deux fois, brusquement et de mauvaise grâce, se retourna vite, et laissa les Reines et les Rois s'asseoir. Ses chambellans, habillés de rouge, étaient debout, derrière lui. Il leur parlait sans les regarder, et, de temps à autre, étendant la main pour recevoir une boîte d'or que l'un d'eux lui donnait et reprenait. Crescentini chantait *les Horaces*, avec une voix de séraphin qui sortait d'un visage étique et ridé. L'orchestre était doux et faible, par ordre de l'Empereur ; voulant peut-être, comme les Lacédémoniens, être apaisé plutôt qu'excité par la musique. Il lorgna devant lui, et très-souvent de mon côté. Je reconnus ses grands yeux d'un gris vert, mais je n'aimai pas la graisse jaune qui avait englouti ses traits sévères. Il posa sa main gauche sur son œil gauche, pour mieux voir, selon sa coutume; je sentis qu'il m'avait reconnu. Il se retourna brusquement, ne regarda que la scène, et sortit bientôt. J'étais déjà sur son passage. Il marchait vite dans le corridor, et ses jambes grasses, serrées dans des bas de soie blancs, sa taille gonflée, sous son habit vert, me le rendaient presque méconnaissable. Il s'arrêta court devant moi, et parlant au colonel qui me présentait, au lieu de m'adresser directement la parole :

— Pourquoi ne l'ai-je vu nulle part? encore lieutenant?

— Il était prisonnier depuis 1804.

— Pourquoi ne s'est-il pas échappé?

— J'étais sur parole, dis-je à demi-voix.

— Je n'aime pas les prisonniers, dit-il ; on se fait tuer. — Il me tourna le dos. Nous restâmes immobiles en haie; et, quand toute sa suite eut défilé :

— Mon cher, me dit le colonel, tu vois bien que tu es un imbécile, tu as perdu ton avancement, et on ne t'en sait pas plus de gré.

CHAPITRE VIII.

LE CORPS DE GARDE RUSSE.

— Est-il possible? dis-je en frappant du pied. Quand j'entends de pareils récits, je m'applaudis de ce que l'officier est mort en moi depuis plusieurs années. Il n'y reste plus que l'écrivain solitaire et indépendant qui regarde ce que va devenir sa liberté, et ne veut pas la défendre contre ses anciens amis.

Et je crus trouver dans le capitaine Renaud des traces d'indignation, au souvenir de ce qu'il me racontait; mais il souriait avec douceur et d'un air content.

C'était tout simple, reprit-il. Ce colonel était le

plus brave homme du monde; mais il y a des gens qui sont, comme dit le mot célèbre, des *fanfarons de crimes* et de dureté. Il voulait me maltraiter parce que l'Empereur en avait donné l'exemple. Grosse flatterie de corps de garde.

Mais quel bonheur ce fut pour moi! — Dès ce jour, je commençai à m'estimer intérieurement, à avoir confiance en moi, à sentir mon caractère s'épurer, se former, se compléter, s'affermir. Dès ce jour, je vis clairement que les événements ne sont rien, que l'homme intérieur est tout, je me plaçai bien au-dessus de mes juges. Enfin je sentis ma conscience, je résolus de m'appuyer uniquement sur elle, de considérer les jugements publics, les récompenses éclatantes, les fortunes rapides, les réputations de bulletin, comme de ridicules forfanteries et un jeu de hasard qui ne valait pas la peine qu'on s'en occupât.

J'allai vite à la guerre me plonger dans les rangs inconnus, l'infanterie de ligne, l'infanterie de bataille, où les paysans de l'armée se faisaient faucher par mille à la fois, aussi pareils, aussi égaux que les blés d'une grasse prairie de la Beauce. — Je me cachai là comme un chartreux dans son cloître; et du fond de cette foule armée, marchant à pied comme les soldats, portant un sac et mangeant leur pain, je fis les grandes guerres de l'Empire tant que l'Empire fut debout. — Ah! si vous saviez comme je me sentis à l'aise dans ces fatigues inouïes! Comme j'aimais cette obscurité et quelles joies sauvages me donnèrent les grandes batailles! La beauté de la guerre est au milieu des soldats, dans la vie du camp, dans la boue des marches et du bivouac. Je me vengeais de Bonaparte en servant la Patrie, sans rien tenir de Napoléon; et quand il passait devant mon régiment, je me cachais de crainte d'une faveur. L'expérience m'avait fait mesurer les dignités et le Pouvoir à leur juste valeur; je n'aspirais plus à rien qu'à prendre de chaque conquête de nos armes la part d'orgueil qui devait me revenir selon mon propre sentiment; je voulais être citoyen, où il était encore permis de l'être, et à ma manière. Tantôt mes services étaient inaperçus, tantôt élevés au-dessus de leur mérite, et moi je ne cessais de les tenir dans l'ombre, de tout mon pouvoir, redoutant surtout que mon nom fût trop prononcé. La foule était si grande de ceux qui suivaient une marche contraire, que l'obscurité me fut aisée, et je n'étais encore que lieutenant de la Garde Impériale en 1814, quand je reçus au front cette blessure que vous voyez, et qui, ce soir, me fait souffrir plus qu'à l'ordinaire.

Ici le capitaine Renaud passa plusieurs fois la main sur son front, et, comme il semblait vouloir se taire, je le pressai de poursuivre, avec assez d'instance pour qu'il cédât.

Il appuya sa tête sur la pomme de sa canne de jonc.

— Voilà qui est singulier, dit-il, je n'ai jamais raconté tout cela, et ce soir j'en ai envie. — Bah! n'importe! j'aime à m'y laisser aller avec un ancien camarade. Ce sera pour vous un objet de réflexions sérieuses quand vous n'aurez rien de mieux à faire. Il me semble que cela n'en est pas indigne. Vous me croirez bien faible ou bien fou;

mais c'est égal. Jusqu'à l'événement, assez ordinaire pour d'autres, que je vais vous dire et dont je recule le récit malgré moi parce qu'il me fait mal, mon amour de la gloire des armes était devenu sage, grave, dévoué et parfaitement pur, comme est le sentiment simple et unique du devoir; mais, à dater de ce jour-là, d'autres idées vinrent assombrir encore ma vie.

C'était en 1814; c'était le commencement de l'année et la fin de cette sombre guerre où notre pauvre armée défendait l'Empire et l'Empereur, et où la France regardait le combat avec découragement. Soissons venait de se rendre au Prussien Bulow. Les armées de Silésie et du Nord y avaient fait leur jonction. Macdonald avait quitté Troyes et abandonné le bassin de l'Yonne pour établir sa ligne de défense de Nogent à Montereau, avec trente mille hommes.

Nous devions attaquer Reims que l'Empereur voulait reprendre. Le temps était sombre et la pluie continuelle. Nous avions perdu la veille un officier supérieur qui conduisait des prisonniers.

Les Russes l'avaient surpris et tué dans la nuit précédente, et ils avaient délivré leurs camarades. Notre colonel, qui était ce qu'on nomme un *dur à cuire,* voulut reprendre sa revanche. Nous étions près d'Épernay et nous tournions les hauteurs qui l'environnent. Le soir venait, et, après avoir occupé le jour entier à nous refaire, nous passions près d'un joli château blanc à tourelles, nommé Boursault, lorsque le colonel m'appela. Il m'emmena à part, pendant qu'on formait les faisceaux, et me dit de sa vieille voix enrouée :

— Vous voyez bien là-haut une grange, sur cette colline coupée à pic ; là où se promène ce grand nigaud de factionnaire russe avec son bonnet d'évêque?

— Oui, oui, dis-je, je vois parfaitement le grenadier et la grange.

— Eh bien, vous qui êtes un ancien, il faut que vous sachiez que c'est là le point que les Russes ont pris avant-hier et qui occupe le plus l'Empereur, pour le quart d'heure. Il me dit que c'est la clef de Reims, et ça pourrait bien être. En tout cas, nous allons jouer un tour à Woronzoff. A onze heures du soir, vous prendrez deux cents de vos lapins, vous surprendrez le corps de garde qu'ils ont établi dans cette grange. Mais, de peur de donner l'alarme, vous enlèverez ça à la baïonnette.

Il prit et m'offrit une prise de tabac, et, jetant le reste peu à peu, comme je fais là, il me dit, en prononçant un mot à chaque grain semé au vent :

— Vous sentez bien que je serai par là, derrière vous, avec ma colonne. — Vous n'aurez guère perdu que soixante hommes, vous aurez les six pièces qu'ils ont placées là... Vous les tournerez du côté de Reims... A onze heures... onze heures et demie la position sera à nous. Et nous dormirons jusqu'à trois heures pour nous reposer un peu... de la petite affaire de Craonne, qui n'était pas, comme on dit, piquée des vers.

— Ça suffit, lui dis-je ; et je m'en allai, avec mon lieutenant en second, préparer un peu notre soirée. L'essentiel, comme vous voyez, était de ne pas faire de bruit. Je passai l'inspection des armes et je fis enlever, avec le tire-bourre, les cartouches de toutes celles qui étaient chargées. Ensuite, je me promenai quelque temps avec mes sergents, en attendant l'heure. A dix heures et demie, je leur fis mettre leur capote sur l'habit et le fusil caché sous la capote, car, quelque chose qu'on fasse, comme vous voyez ce soir, la baïonnette se voit toujours, et quoiqu'il fît autrement sombre qu'à présent, je n'y m'y fiais pas. J'avais observé les petits sentiers bordés de haies qui conduisaient au corps de garde russe, et j'y fis monter les plus déterminés gaillards que j'aie jamais commandés.

— Il y en a encore là, dans les rangs, deux qui y étaient et s'en souviennent bien. — Ils avaient l'habitude des Russes, et savaient comment les prendre. Les factionnaires que nous rencontrâmes en montant disparurent sans bruit, comme des roseaux que l'on couche par terre avec la main. Celui qui était devant les armes demandait plus de soin. Il était immobile, l'arme au pied, et le menton sur son fusil; le pauvre diable se balançait comme un homme qui s'endort de fatigue et va tomber. Un de mes grenadiers le prit dans ses bras en le serrant à l'étouffer, et deux autres, l'ayant bâillonné, le jetèrent dans les broussailles. J'arrivai lentement et je ne pus me défendre, je l'avoue, d'une certaine émotion que je n'avais jamais éprouvée au moment des autres combats. C'était la honte d'attaquer des gens couchés. Je les voyais, roulés dans leurs manteaux, éclairés par une lanterne sourde, et le cœur me battit violemment. Mais tout à coup, au moment d'agir, je craignis que ce ne fût une faiblesse qui ressemblât à celle des lâches, j'eus peur d'avoir senti la peur une fois, et prenant mon sabre caché sous mon bras, j'entrai le premier, brusquement, donnant l'exemple à mes grenadiers. Je leur fis un geste qu'ils comprirent; ils se jetèrent d'abord sur les armes, puis sur les hommes, comme des loups sur un troupeau. Oh! ce fut une boucherie sourde et horrible! la baïonnette perçait, la crosse assommait, le genou étouffait, la main étranglait. Tous les cris à peine poussés étaient éteints sous les pieds de nos soldats, et nulle tête ne se soulevait sans recevoir le coup mortel. En entrant, j'avais frappé au hasard un coup terrible, devant moi, sur quelque chose de noir que j'avais traversé d'outre en outre ; un vieux officier, homme grand et fort, la tête chargée de cheveux blancs, se leva comme un fantôme, jeta un cri affreux en voyant ce que j'avais fait, me frappa à la figure d'un coup d'épée violent, et tomba mort à l'instant sous les baïonnettes. Moi, je tombai assis à côté de lui, étourdi du coup porté entre les yeux, et j'entendis sous moi la voix mourante et tendre d'un enfant qui disait : Papa...

Je compris alors mon œuvre, et j'y regardai avec un empressement frénétique. Je vis un de ces officiers de quatorze ans si nombreux dans les armées russes qui nous envahirent à cette époque, et que l'on traînait à cette terrible école. Ses longs cheveux bouclés tombaient sur sa poitrine, aussi blonds, aussi soyeux que ceux d'une femme, et sa tête s'était penchée comme s'il n'eût fait que s'endormir une seconde fois. Ses lèvres roses, épanouies comme celles d'un nouveau-né, semblaient encore engraissées par le lait de la nourrice, et ses grands yeux bleus entr'ouverts avaient une beauté de forme candide, féminine et caressante. Je le soulevai sur un bras, et sa joue tomba sur ma joue ensanglantée, comme s'il allait cacher sa tête entre le menton et l'épaule de sa mère pour se réchauffer. Il semblait se blottir sous ma poitrine pour fuir ses meurtriers. La tendresse filiale, la confiance et le repos d'un sommeil délicieux reposaient sur sa figure morte, et il paraissait me dire : Dormons en paix.

— Était-ce là un ennemi? m'écriai-je. — Et ce que Dieu a mis de paternel dans les entrailles de tout homme s'émut et tressaillit en moi ; je le serrais contre ma poitrine, lorsque je sentis que j'appuyais sur moi la garde de mon sabre qui traversait son cœur et qui avait tué cet ange endormi. Je voulus pencher ma tête sur sa tête, mais mon sang le couvrit de larges taches ; je sentis la blessure de mon front, et je me souvins qu'elle m'avait été faite par son père. Je regardai honteusement de côté, et je ne vis qu'un amas de corps que mes grenadiers tiraient par les pieds et jetaient dehors, ne leur prenant que des cartouches. En ce moment, le Colonel entra suivi de la colonne, dont j'entendis le pas et les armes.

— Bravo! mon cher, me dit-il, vous avez enlevé ça lestement. Mais vous êtes blessé?

— Regardez cela, dis-je; quelle différence y a-t-il entre moi et un assassin?

— Eh! sacredié, mon cher, que voulez-vous? c'est le métier.

— C'est juste, répondis-je, et je me levai pour aller reprendre mon commandement. L'enfant retomba dans les plis de son manteau dont je l'enveloppai, et sa petite main ornée de grosses bagues laissa échapper une canne de jonc, qui tomba sur ma main comme s'il me l'eût donnée. Je la pris; je résolus, quels que fussent mes périls à venir, de n'avoir plus d'autre arme, et je n'eus pas l'audace de retirer de sa poitrine mon sabre d'égorgeur.

Je sortis à la hâte de cet antre qui puait le sang, et quand je me trouvai au grand air, j'eus la force d'essuyer mon front rouge et mouillé. Mes grenadiers étaient à leurs rangs; chacun essuyait froidement sa baïonnette dans le gazon et raffermissait sa pierre à feu dans la batterie. Mon sergent-major, suivi du fourrier, marchait devant les rangs, tenant sa liste à la main, et lisant à la lueur d'un bout de chandelle planté dans le canon de son fusil comme dans un flambeau, il faisait paisiblement l'appel. Je m'appuyai contre un arbre, et le chirurgien-major vint me bander le front. Une large pluie de mars tombait sur ma tête et me faisait quelque bien. Je ne pus m'empêcher de pousser un profond soupir :

— Je suis las de la guerre, dis-je au chirurgien.

— Et moi aussi, dit une voix grave que je connaissais.

Je soulevai le bandage de mes sourcils, et je vis, non pas Napoléon empereur, mais Bonaparte soldat. Il était seul, triste, à pied, debout devant moi, ses bottes enfoncées dans la boue, son habit déchiré, son chapeau ruisselant la pluie par les bords ; il sentait ses derniers jours venus, et regardait autour de lui ses derniers soldats.

Il me considérait attentivement.

— Je t'ai vu quelque part, dit-il, grognard?

A ce dernier mot, je sentis qu'il ne me disait là qu'une phrase banale, je savais que j'avais vieilli de visage plus que d'années, et que fatigues, moustaches et blessures me déguisaient assez.

— Je vous ai vu partout, sans être vu, répondis-je.

— Veux-tu de l'avancement?

Je dis : — Il est bien tard.

Il croisa les bras un moment sans répondre, puis :

— Tu as raison, va, dans trois jours, toi et moi nous quitterons le service.

Il me tourna le dos et remonta sur son cheval, tenu à quelques pas. En ce moment, notre tête de colonne avait attaqué et l'on nous lançait des obus. Il en tomba un devant le front de ma compagnie, et quelques hommes se jetèrent en arrière, par un premier mouvement dont ils eurent honte. Bonaparte s'avança seul sur l'obus qui brûlait et fumait devant son cheval, et lui fit flairer cette fumée. Tout se tut et resta sans mouvement ; l'obus éclata et n'atteignit personne. Les grenadiers sentirent la leçon terrible qu'il leur donnait ; moi j'y sentis de plus quelque chose qui tenait du désespoir. La France lui manquait, et il avait douté un instant de ses vieux braves. Je me trouvai trop vengé et lui trop puni de ses fautes par un si grand abandon. Je me levai avec effort, et, m'approchant de lui, je pris et serrai la main qu'il tendait à plusieurs d'entre nous. Il ne me reconnut point, mais ce fut pour moi une réconciliation tacite entre le plus obscur et le plus illustre des hommes de notre siècle. — On battit la charge, et, le lendemain au jour, Reims fut repris par nous. Mais quelques jours après, Paris l'était par d'autres.

———

Le capitaine Renaud se tut longtemps après ce récit, et demeura la tête baissée sans que je voulusse interrompre sa rêverie. Je considérais ce brave homme avec vénération, et j'avais suivi attentivement, tandis qu'il avait parlé, les transformations lentes de cette âme bonne et simple, toujours

repoussée dans ses donations expansives d'elle-
même, toujours écrasée par un ascendant invincible, mais parvenue à trouver le repos dans le
plus humble et le plus austère Devoir. — Sa vie
inconnue me paraissait un spectacle intérieur aussi
beau que la vie éclatante de quelque homme d'action que ce fût. — Chaque vague de la mer ajoute
un voile blanchâtre aux beautés d'une perle,
chaque flot travaille lentement à la rendre plus
parfaite, chaque flocon d'écume qui se balance sur
elle lui laisse une teinte mystérieuse à demi dorée,
à demi transparente, où l'on peut seulement deviner un rayon intérieur qui part de son cœur; c'était
tout à fait ainsi que s'était formé ce caractère dans
de vastes bouleversements et au fond des plus
sombres et perpétuelles épreuves. Je savais que
jusqu'à la mort de l'Empereur il avait regardé
comme un devoir de ne point servir, respectant,
malgré toutes les instances de ses amis, ce qu'il
nommait les convenances; et, depuis, affranchi
du lien de son ancienne promesse à un maître qui
ne le connaissait plus, il était revenu commander,

dans la Garde Royale, les restes de sa vieille Garde ; et comme il ne parlait jamais de lui-même, on n'avait point pensé à lui et il n'avait point eu d'avancement. — Il s'en souciait peu, et il avait coutume de dire qu'à moins d'être général à vingt-cinq ans, âge où l'on peut mettre en œuvre son imagination, il valait mieux demeurer simple capitaine, pour vivre avec les soldats en père de famille, en prieur du couvent.

— Tenez, me dit-il après ce moment de repos, regardez notre vieux grenadier Poirier, avec ses yeux sombres et louches, sa tête chauve et ses coups de sabre sur la joue, lui que les maréchaux de France s'arrêtent à admirer quand il leur présente les armes à la porte du roi; voyez Beccaria avec son profil de vétéran romain, Fréchou, avec sa moustache blanche; voyez tout ce premier rang décoré, dont les bras portent trois chevrons! qu'auraient-ils dit, ces vieux moines de la vieille armée qui ne voulurent jamais être autre chose que grenadiers, si je leur avais manqué ce matin, moi qui les commandais encore il y a quinze jours? — Si j'avais pris depuis plusieurs années des habitudes de foyer et de repos, ou un autre état, c'eût été différent; mais ici, je n'ai en vérité que le mérite qu'ils ont. D'ailleurs voyez comme tout est calme ce soir à Paris, calme comme l'air, ajouta-t-il en se levant ainsi que moi. Voici le jour qui va venir; on ne recommencera pas sans doute à casser les lanternes, et demain nous rentrerons au quartier. Moi, dans quelques jours, je serai probablement retiré dans un petit coin de terre que j'ai quelque part en France, où il y a une petite tourelle, dans laquelle j'achèverai d'étudier Polybe, Turenne, Folard et Vauban, pour m'amuser. Presque tous mes camarades ont été tués à la grande armée, ou sont morts depuis; il y a longtemps que je ne cause plus avec personne, et vous savez par quel chemin je suis arrivé à haïr la guerre, tout en la faisant avec énergie.

Là-dessus il me secoua vivement la main et me quitta en me demandant encore le hausse-col qui lui manquait, si le mien n'était pas rouillé et si je le trouvais chez moi. Puis il me rappela et me dit :

— Tenez, comme il n'est pas entièrement impossible que l'on fasse encore feu sur nous de quelque fenêtre, gardez-moi, je vous prie, ce portefeuille plein de vieilles lettres, qui m'intéressent, moi seul, et que vous brûleriez si nous ne nous retrouvions plus.

Il nous est venu plusieurs de nos anciens camarades, et nous les avons priés de se retirer chez eux. — Nous ne faisons point la guerre civile, nous. Nous sommes calmes comme des pompiers dont le devoir est d'éteindre l'incendie. On s'expliquera ensuite, cela ne nous regarde pas.

Et il me quitta en souriant.

CHAPITRE IX.

UNE BILLE.

Quinze jours après cette conversation que la révolution même ne m'avait point fait oublier, je réfléchissais seul à l'héroïsme modeste et au désintéressement, si rares tous les deux ! Je tâchais d'oublier le sang pur qui venait de couler, et je relisais dans l'histoire d'Amérique comment, en 1783, l'Armée anglo-américaine toute victorieuse, ayant posé les armes et délivré la Patrie, fut prête à se révolter contre le congrès qui, trop pauvre pour lui payer sa solde, s'apprêtait à la licencier; Washington, généralissime et vainqueur, n'avait qu'un mot à dire ou un signe de tête à faire pour être Dictateur; il fit ce que lui seul avait le pouvoir d'accomplir : il licencia l'armée et donna sa démission. — J'avais posé le livre et je comparais cette grandeur sereine à nos ambitions inquiètes. J'étais triste et me rappelais toutes les âmes guerrières et pures, sans faux éclat, sans charlatanisme, qui n'ont aimé le Pouvoir et le commandement que pour le bien public, l'ont gardé sans orgueil, et n'ont su ni le tourner contre la Patrie, ni le convertir en or; je songeais à tous les hommes qui ont fait la guerre avec l'intelligence de ce qu'elle vaut, je pensais au bon Collingwood, si résigné, et enfin à l'obscur capitaine Renaud, lorsque je vis entrer un homme de haute taille, vêtu d'une longue capote bleue en assez mauvais état. A ses moustaches blanches, aux cicatrices de son visage cuivré, je reconnus un des grenadiers de sa compagnie; je lui demandai s'il était vivant encore, et l'émotion de ce brave homme me fit voir qu'il était arrivé malheur. Il s'assit, s'essuya le front, et quand il se fut remis, après quelques soins et un peu de temps, il me dit ce qui lui était arrivé.

Pendant les deux jours du 28 et du 29 juillet,

le capitaine Renaud n'avait fait autre chose que marcher en colonne, le long des rues, à la tête de ses grenadiers ; il se plaçait devant la première section de sa colonne, et allait paisiblement au milieu d'une grêle de pierres et de coups de fusil qui partaient des cafés, des balcons et des fenêtres. Quand il s'arrêtait, c'était pour faire serrer les rangs ouverts par ceux qui tombaient, et pour regarder si ses guides de gauche se tenaient à leurs distances et à leurs chefs de file. Il n'avait pas tiré son épée et marchait la canne à la main. Les ordres lui étaient d'abord parvenus exactement ; mais, soit que les aides de camp fussent tués en route, soit que l'état-major ne les eût pas envoyés, il fut laissé, dans la nuit du 28 au 29, sur la place de la Bastille, sans autre instruction que de se retirer sur Saint-Cloud en détruisant les barricades sur son chemin. Ce qu'il fit sans tirer un coup de fusil. Arrivé au pont d'Iéna, il s'arrêta pour faire l'appel de sa compagnie. Il lui manquait moins de monde qu'à toutes celles de la Garde qui avaient été détachées, et ses hommes étaient aussi moins fatigués. Il avait eu l'art de les faire reposer à propos et à l'ombre, dans ces brûlantes journées, et de leur trouver, dans les casernes abandonnées, la nourriture que refusaient les maisons ennemies; la contenance de sa colonne était telle, qu'il avait trouvé déserte chaque barricade et n'avait eu que la peine de la faire démolir.

Il était donc debout, à la tête du pont d'Iéna, couvert de poussière, et secouant ses pieds; il regardait, vers la barrière, si rien ne gênait la sortie de son détachement, et désignait des éclaireurs pour envoyer en avant. Il n'y avait personne dans le Champ-de-Mars, que deux maçons qui paraissaient dormir, couchés sur le ventre, et un petit garçon d'environ quatorze ans, qui marchait pieds nus et jouait des castagnettes avec deux morceaux de faïence cassée. Il les raclait de temps en temps sur le parapet du pont, et vint ainsi, en jouant, jusques à la borne où se tenait Renaud. Le capitaine montrait en ce moment les hauteurs de Passy avec sa canne. L'enfant s'approcha de lui, le regardant avec de grands yeux étonnés, et tirant de sa veste un pistolet d'arçon, il le prit des deux mains et le dirigea vers la poitrine du capitaine. Celui-ci détourna le coup avec sa canne, et l'enfant ayant fait feu, la balle porta dans le haut de la cuisse. Le capitaine tomba assis, sans dire mot, et regarda avec pitié ce singulier ennemi. Il vit ce jeune garçon qui tenait toujours son arme des deux mains, et demeurait tout effrayé de ce qu'il avait fait. Les grenadiers étaient en ce moment appuyés tristement sur leurs fusils; ils ne daignèrent pas faire un geste contre ce petit drôle. Les uns soulevèrent leur capitaine, les autres se contentèrent de tenir cet enfant par le bras et de l'amener à celui qu'il avait blessé. Il se mit à fondre en larmes; et quand il vit le sang couler à flots de la blessure de l'officier sur son pantalon blanc, effrayé de cette boucherie, il s'évanouit. On emporta en même temps l'homme et l'enfant dans une petite maison proche de Passy, où tous deux étaient encore. La colonne, conduite par le lieutenant, avait poursuivi sa route pour Saint-Cloud, et quatre grenadiers, après avoir quitté leurs uniformes, étaient restés dans cette maison hospitalière à soigner leur vieux commandant. L'un (celui qui me parlait) avait pris de l'ouvrage comme ouvrier armurier à Paris, d'autres comme maîtres d'armes, et apportant leur journée au capitaine, ils l'avaient empêché de manquer de soins jusqu'à ce jour. On l'avait amputé; mais la fièvre était ardente et mauvaise; et comme il craignait un redoublement dangereux, il m'envoyait chercher. Il n'y avait pas de temps à perdre. Je partis sur-le-champ avec le digne soldat qui m'avait raconté ces détails les yeux humides et la voix tremblante, mais sans murmure, sans injure, sans accusation, répétant seulement : C'est un grand malheur pour nous.

Le blessé avait été porté chez une petite marchande qui était veuve et qui vivait seule dans une petite boutique, et dans une rue écartée du village, avec des enfants en bas âge. Elle n'avait pas eu la crainte, un seul moment, de se compromettre, et personne n'avait eu l'idée de l'inquiéter à ce sujet. Les voisins, au contraire, s'étaient empressés de l'aider dans les soins qu'elle prenait du malade. Les officiers de santé qu'on avait appelés ne ne l'ayant pas jugé transportable, après l'opération, elle l'avait gardé, et souvent elle avait passé la nuit près de son lit. Lorsque j'entrai, elle vint au-devant de moi avec un air de reconnaissance et de timidité qui me firent peine. Je sentis combien d'embarras à la fois elle avait cachés par bonté naturelle et par bienfaisance. Elle était fort pâle, et ses yeux étaient rougis et fatigués. Elle allait et venait vers une arrière-boutique très-étroite que j'apercevais de la porte, et je vis, à sa précipitation, qu'elle arrangeait la petite chambre du blessé et mettait une sorte de coquetterie à ce qu'un étranger la trouvât convenable. — Aussi j'eus soin de ne pas marcher vite, et je lui donnai tout le temps dont elle eut besoin. — Voyez, monsieur, il a bien souffert, allez! me dit-elle en ouvrant la porte.

Le capitaine Renaud était assis sur un petit lit à rideaux de serge, placé dans un coin de la chambre, et plusieurs traversins soutenaient son corps. Il était d'une maigreur de squelette, et les pommettes des joues d'un rouge ardent ; la blessure de son front était noire. Je vis qu'il n'irait pas loin, et son sourire me le dit aussi. Il me tendit la main et me fit signe de m'asseoir. Il y avait à sa droite un jeune garçon qui tenait un verre d'eau gommée et le remuait avec la cuillère. Il se leva et m'apporta sa chaise. Renaud le prit, de son lit, par le bout de l'oreille et me dit doucement, d'une voix affaiblie :

— Tenez, mon cher, je vous présente mon vainqueur.

Je haussai les épaules, et le pauvre enfant baissa les yeux en rougissant. — Je vis une grosse larme rouler sur sa joue.

— Allons ! allons ! dit le capitaine en passant la main dans ses cheveux. Ce n'est pas sa faute. Pauvre garçon ! Il avait rencontré deux hommes qui lui avaient fait boire de l'eau-de-vie, l'avaient payé, et l'avaient envoyé me tirer son coup de pistolet. Il a fait cela comme il aurait jeté une bille au coin de la borne. — N'est-ce pas, Jean ?

Et Jean se mit à trembler et prit une expression

de douleur si déchirante qu'elle me toucha. Je le regardai de plus près; c'était un fort bel enfant.

— C'était bien une bille aussi, me dit la jeune marchande. Voyez, monsieur. — Et elle me montrait une petite bille d'agate, grosse comme les plus fortes balles de plomb, et avec laquelle on avait chargé le pistolet de calibre qui était là.

— Il n'en faut pas plus que ça pour retrancher une jambe d'un capitaine, me dit Renaud.

— Vous ne devez pas le faire parler beaucoup, me dit timidement la marchande.

Renaud ne l'écoutait pas :

— Oui, mon cher, il ne me reste pas assez de jambe pour y faire tenir une jambe de bois.

Je lui serrais la main sans répondre; humilié de voir que, pour tuer un homme qui avait tant vu et tant souffert, dont la poitrine était bronzée par vingt campagnes et dix blessures, éprouvée à la glace et au feu, passée à la baïonnette et à la lance, il n'avait fallu que le soubresaut d'une de ces grenouilles des ruisseaux de Paris qu'on nomme : *Gamins*.

Renaud répondit à ma pensée. Il pencha sa joue sur le traversin, et, me serrant la main :

— Nous étions en guerre, me dit-il ; il n'est pas plus assassin que je ne le fus à Reims, moi. Quand j'ai tué l'enfant russe, j'étais peut-être aussi un assassin ? — Dans la grande guerre d'Espagne, les hommes qui poignardaient nos sentinelles ne se croyaient pas des assassins, et, étant en guerre, ils ne l'étaient peut-être pas. Les catholiques et les huguenots s'assassinaient-ils ou non ? — De combien d'assassinats se compose une grande bataille ? — Voilà un des points où notre raison se perd et ne sait que dire. C'est la guerre qui a tort et non pas nous. Je vous assure que ce petit bonhomme est fort doux et fort gentil, il lit et écrit déjà très-bien. C'est un enfant trouvé. — Il était apprenti menuisier. — Il n'a pas quitté ma chambre depuis quinze jours, et il m'aime beaucoup, ce pauvre garçon. Il annonce des dispositions pour le calcul ; on peut en faire quelque chose.

Comme il parlait plus péniblement et s'approchait de mon oreille, je me penchai, et il me donna un petit papier plié qu'il me pria de parcourir. J'entrevis un court testament par lequel il laissait une sorte de métairie misérable qu'il possédait, à la pauvre marchande qui l'avait recueilli, et, après elle, à Jean, qu'elle devait faire élever, sous condition qu'il ne serait jamais militaire; il stipulait la somme de son remplacement, et donnait ce petit bout de terre pour asile à ses quatre vieux grenadiers. Il chargeait de tout cela un notaire de sa province. Quand j'eus le papier dans les mains, il parut plus tranquille et prêt à s'assoupir. Puis il tressaillit, et, rouvrant les yeux, il me pria de prendre et de garder sa canne de jonc. — Ensuite il s'assoupit encore. Son vieux soldat secoua la tête et lui prit une main. Je pris l'autre, que je sentis glacée. Il dit qu'il avait froid aux pieds, et Jean coucha et appuya sa petite poitrine d'enfant sur le lit pour le réchauffer. Alors le capitaine Renaud commença à tâter ses draps avec les mains, disant qu'il ne les sentait plus, ce qui est un signe fatal. Sa voix était caverneuse. Il porta péniblement une main à son front, regarda Jean attentivement et dit encore :

— C'est singulier ! — Cet enfant-là ressemble à l'enfant russe ! Ensuite il ferma les yeux, et me serrant la main avec une présence d'esprit renaissante :

— Voyez-vous ! me dit-il, voilà le cerveau qui se prend, c'est la fin.

Son regard était différent et plus calme. Nous comprîmes cette lutte d'un esprit ferme qui se jugeait contre la douleur qui l'égarait, et ce spectacle, sur un grabat misérable, était pour moi plein d'une majesté solennelle. Il rougit de nouveau et dit très-haut :

— Ils avaient quatorze ans... — tous deux... — Qui sait si ce n'est pas cette jeune âme revenue dans cet autre jeune corps pour se venger?...

Ensuite il tressaillit, il pâlit, et me regarda tranquillement et avec attendrissement.

— Dites-moi!... ne pourriez-vous me fermer la bouche? Je crains de parler... on s'affaiblit... Je ne voudrais plus parler... J'ai soif.

On lui donna quelques cuillerées, et il dit :

— J'ai fait mon devoir. Cette idée-là fait du bien.

Et il ajouta :

— Si le pays se trouve mieux de tout ce qui s'est fait, nous n'avons rien à dire ; mais vous verrez...

Ensuite, il s'assoupit et dormit une demi-heure environ. Après ce temps, une femme vint à la porte timidement, et fit signe que le chirurgien était là ; je sortis sur la pointe du pied pour lui parler, et, comme j'entrais avec lui dans le petit jardin, m'étant arrêté auprès d'un puits pour l'interroger, nous entendîmes un grand cri. Nous courûmes et nous vîmes un drap sur la tête de cet honnête homme, qui n'était plus...

CHAPITRE X.

CONCLUSION.

L'époque qui m'a laissé ces souvenirs épars est close aujourd'hui. Son cercle s'ouvrit en 1814 par la bataille de Paris, et se ferma par les trois jours de Paris, en 1830. C'était le temps où, comme je l'ai dit, l'armée de l'Empire venait expirer dans le sein de l'armée naissante alors, et mûrie aujourd'hui. Après avoir, sous plusieurs formes, expliqué la nature et plaint la condition du Poëte dans notre société, j'ai voulu montrer ici celle du Soldat, autre Paria moderne.

Je voudrais que ce livre fût pour lui ce qu'était pour un soldat romain un autel à la Petite Fortune.

Je me suis plu à ces récits, parce que je mets au-dessus de tous les dévouements celui qui ne cherche pas à être regardé. Les plus illustres sacrifices ont quelque chose en eux qui prétend à l'illustration et que l'on ne peut s'empêcher d'y voir malgré soi-même. On voudrait en vain les dépouiller de ce caractère qui vit en eux et fait comme leur force et leur soutien, c'est l'os de leurs chairs et la moelle de leurs os. Il y avait peut-être quelque chose du combat et du spectacle qui fortifiait les Martyrs; le rôle était si grand dans cette scène, qu'il pouvait doubler l'énergie de la sainte victime. Deux idées soutenaient ses bras de chaque côté, la canonisation de la terre et la béatification du ciel. Que ces immolations antiques à une conviction sainte soient adorées pour toujours; mais ne méritent-ils pas d'être aimés, quand nous les devinons, ces dévouements ignorés qui ne cherchent même pas à se faire voir de ceux qui en sont l'objet; ces sacrifices modestes, silencieux, sombres, abandonnés, sans espoir de nulle couronne humaine ou divine; — ces muettes résignations dont les exemples, plus multipliés qu'on ne le croit, ont en eux un mérite si puissant, que je ne sais nulle vertu qui leur soit comparable?

Ce n'est pas sans dessein que j'ai essayé de tourner les regards de l'Armée vers cette GRANDEUR PASSIVE, qui repose toute dans l'*abnégation* et la *résignation*. Jamais elle ne peut être comparable en éclat à la Grandeur de l'action où se développent largement d'énergiques facultés; mais elle sera longtemps la seule à laquelle puisse prétendre l'homme armé, car il est armé presque inutilement aujourd'hui. Les Grandeurs éblouissantes des conquérants sont peut-être éteintes pour toujours. Leur éclat passé s'affaiblit, je le répète, à mesure que s'accroît, dans les esprits, le dédain de la guerre, et, dans les cœurs, le dégoût de ses cruautés froides. Les Armées permanentes embarrassent leurs maîtres. Chaque souverain regarde son Armée tristement; ce colosse assis à ses pieds, immobile et muet, le gêne et l'épouvante; il n'en sait que faire, et craint qu'il ne se tourne contre lui. Il le voit dévoré d'ardeur et ne pouvant se mouvoir. Le besoin d'une circulation impossible ne cesse de tourmenter le sang de ce grand corps, ce sang qui ne se répand pas et bouillonne sans cesse. De temps à autre, des bruits de grandes guerres s'élèvent et grondent comme un tonnerre éloigné ; mais ces nuages impuissants s'évanouissent, ces trombes se perdent en grains de sable, en traités, en protocoles, que sais-je ! — La philosophie a heureusement rapetissé la guerre ; les négociations la remplacent ; la mécanique achèvera de l'annuler par ses inventions.

Mais en attendant que le monde, encore enfant, se délivre de ce jouet féroce, en attendant cet accomplissement bien lent, qui me semble infaillible, le Soldat, l'homme des Armées, a besoin d'être consolé de la rigueur de sa condition. Il sent que la Patrie, qui l'aimait à cause des gloires dont il la couronnait, commence à le dédaigner pour son oisiveté, ou le haïr à cause des guerres civiles dans lesquelles on l'emploie à frapper sa mère. — Ce Gladiateur, qui n'a plus même les applaudissements du cirque, a besoin de prendre confiance en lui-même, et nous avons besoin de le plaindre pour lui rendre justice, parce que, je l'ai dit, il est aveugle et muet; jeté où l'on veut qu'il aille, en combattant aujourd'hui telle cocarde, il se demande s'il ne la mettra pas demain à son chapeau.

Quelle idée le soutiendra, si ce n'est celle du Devoir et de la parole jurée? Et dans les incertitudes de sa route, dans ses scrupules et ses repentirs pesants, quel sentiment doit l'enflammer et peut l'exalter dans nos jours de froideur et de découragement?

Que nous reste-t-il de sacré?

Dans le naufrage universel des croyances, quels débris où se puissent rattacher encore les mains généreuses? Hors l'amour du *bien-être* et du luxe d'un jour, rien ne se voit à la surface de l'abîme. On croirait que l'égoïsme a tout submergé; ceux même qui cherchent à sauver les âmes et qui plongent avec courage se sentent prêts à être engloutis. Les chefs des partis politiques prennent aujourd'hui le Catholicisme comme un mot d'ordre et un drapeau; mais quelle foi ont-ils dans ses merveilles, et comment suivent-ils sa loi dans leur vie? — Les artistes le mettent en lumière comme une précieuse médaille, et se plongent dans ses dogmes comme dans une source épique de poésie; mais combien y en a-t-il qui se mettent à genoux dans l'église qu'ils décorent? — Beaucoup de philosophes embrassent sa cause et la plaident, comme des avocats généreux celle d'un client pauvre et délaissé; leurs écrits et leurs paroles aiment à s'empreindre de ses couleurs et de ses formes, leurs livres aiment à s'orner de dorures gothiques, leur travail entier se plaît à faire serpenter, autour de la croix, le labyrinthe habile de leurs arguments; mais il est rare que cette croix soit à leur côté dans la solitude. — Les hommes de guerre combattent et meurent sans presque se souvenir de Dieu. Notre Siècle sait qu'il est ainsi, voudrait être autrement et ne le peut pas. Il se considère d'un œil morne, et aucun autre n'a mieux senti combien est malheureux un siècle qui se voit.

A ces signes funestes, quelques étrangers nous ont crus tombés dans un état semblable à celui du Bas-Empire, et des hommes graves se sont demandé si le caractère national n'allait pas se perdre pour toujours. Mais ceux qui ont su nous voir de plus près ont remarqué ce caractère de mâle détermination qui survit en nous à tout ce que le frottement des sophismes a usé déplorablement. Les actions viriles n'ont rien perdu, en France, de leur vigueur antique. Une prompte résolution gouverne des sacrifices aussi grands, aussi entiers que jamais. Plus froidement calculés, les combats s'exécutent avec une violence savante. — La moindre pensée produit des actes aussi grands que jadis la foi la plus fervente. Parmi nous, les croyances sont faibles, mais l'homme est fort. Chaque fléau trouve cent Belsunces. La jeunesse actuelle ne cesse de défier la mort par devoir ou par caprice, avec un sourire de Spartiate, sourire d'autant plus grave, que tous ne croient pas au festin des dieux.

Oui, j'ai cru apercevoir sur cette sombre mer

un point qui m'a paru solide. Je l'ai vu d'abord avec incertitude, et, dans le premier moment, je n'y ai pas cru. J'ai craint de l'examiner, et j'ai longtemps détourné de lui mes yeux. Ensuite, parce que j'étais tourmenté du souvenir de cette première vue, je suis revenu malgré moi à ce point visible, mais incertain. Je l'ai approché, j'en ai fait le tour, j'ai vu sous lui et au-dessus de lui, j'y ai posé la main, je l'ai trouvé assez fort pour servir d'appui dans la tourmente, et j'ai été rassuré.

Ce n'est pas une foi neuve, un culte de nouvelle invention, une pensée confuse; c'est un sentiment né avec nous, indépendant des temps, des lieux, et même des religions; un sentiment fier, inflexible, un instinct d'une incomparable beauté, qui n'a trouvé que dans les temps modernes un nom digne de lui, mais qui déjà produisait de sublimes grandeurs dans l'antiquité, et la fécondait comme ces beaux fleuves qui, dans leur source et leurs premiers détours, n'ont pas encore d'appellation. Cette foi, qui me semble rester à tous encore et régner en souveraine dans les armées, est celle de l'Honneur.

Je ne vois point qu'elle se soit affaiblie et que rien l'ait usée. Ce n'est point une idole, c'est, pour la plupart des hommes, un dieu et un dieu autour duquel bien des dieux supérieurs sont tombés. La chute de tous leurs temples n'a pas ébranlé sa statue.

Une vitalité indéfinissable anime cette vertu bizarre, orgueilleuse, qui se tient debout au milieu de tous nos vices, s'accordant même avec eux au point de s'accroître de leur énergie. — Tandis que toutes les Vertus semblent descendre du ciel pour nous donner la main et nous élever, celle-ci paraît venir de nous-mêmes et tendre à monter jusqu'au ciel. — C'est une vertu tout humaine que l'on peut croire née de la terre, sans palme céleste après la mort ; c'est la vertu de la vie.

Telle qu'elle est, son culte, interprété de manières diverses, est toujours incontesté. C'est une Religion mâle, sans symbole et sans images, sans dogme et sans cérémonies, dont les lois ne sont écrites nulle part; — et comment se fait-il que tous les hommes aient le sentiment de sa sérieuse puissance? Les hommes actuels, les hommes de l'heure où j'écris sont sceptiques et ironiques pour toute chose hors pour elle. Chacun devient grave lorsque son nom est prononcé. — Ceci n'est point théorie, mais observation. — L'homme, au nom d'Honneur, sent remuer quelque chose en lui qui est comme une part de lui-même, et cette secousse réveille toutes les forces de son orgueil et de son énergie primitive. Une fermeté invincible le soutient contre tous et contre lui-même à cette pensée de veiller sur ce tabernacle pur, qui est dans sa poitrine comme un second cœur où siégerait un dieu. De là lui viennent des consolations intérieures d'autant plus belles qu'il en ignore la source et la raison véritables; de là aussi des révélations soudaines du Vrai, du Beau, du Juste; de là une lumière qui va devant lui.

L'Honneur, c'est la conscience, mais la conscience exaltée. — C'est le respect de soi-même et de la beauté de sa vie porté jusqu'à la plus pure élévation et jusqu'à la passion la plus ardente. Je ne vois, il est vrai, nulle unité dans son principe ; et toutes les fois que l'on a entrepris de le définir, on s'est perdu dans les termes ; mais je ne vois pas qu'on ait été plus précis dans la définition de Dieu. Cela prouve-t-il contre une existence que l'on sent universellement ?

C'est peut-être là le plus grand mérite de l'Honneur d'être si puissant et toujours beau, quelle que soit sa source !... Tantôt il porte l'homme à ne pas survivre à un affront, tantôt à le soutenir avec un éclat et une grandeur qui le réparent et en effacent la souillure. D'autres fois il sait cacher ensemble l'injure et l'expiation. En d'autres temps il invente de grandes entreprises, des luttes magnifiques et persévérantes, des sacrifices inouïs lentement accomplis et plus beaux par leur patience et leur obscurité que les élans d'un enthousiasme subit, ou d'une violente indignation ; il produit des actes de bienfaisance que l'évangélique charité ne surpassa jamais ; il a des tolérances merveilleuses, de délicates bontés, des indulgences divines et de sublimes pardons. Toujours et partout il maintient dans toute sa beauté la dignité personnelle de l'homme.

L'Honneur, c'est la pudeur virile.

La honte de manquer de cela est tout pour nous. C'est donc la chose sacrée que cette chose inexprimable ?

Pesez ce que vaut, parmi nous, cette expression populaire, universelle, décisive et simple cependant : — Donner sa parole d'honneur.

Voilà que la parole humaine cesse d'être l'expression des idées seulement, elle devient la parole par excellence, la parole sacrée entre toutes les paroles, comme si elle était née avec le premier mot qu'ait dit la langue de l'homme; et comme si, après elle, il n'y avait plus un mot digne d'être prononcé, elle devient la promesse de l'homme à l'homme, bénie par tous les peuples; elle devient le serment même, parce que vous y ajoutez le mot : Honneur.

Dès lors, chacun a sa parole et s'y attache comme à sa vie. Le joueur a la sienne, l'estime sacrée, et la garde; dans le désordre des passions, elle est donnée, reçue, et, toute profane qu'elle est, on la tient saintement. Cette parole est belle partout, et partout consacrée. Ce principe, que l'on peut croire inné, auquel rien n'oblige que l'assentiment intérieur de tous, n'est-il pas surtout d'une souveraine beauté lorsqu'il est exercé par l'homme de guerre?

La parole, qui trop souvent n'est qu'un mot pour l'homme de haute politique, devient un fait terrible pour l'homme d'armes; ce que l'un dit légèrement ou avec perfidie, l'autre l'écrit sur la poussière avec son sang, et c'est pour cela qu'il est honoré de tous, par-dessus tous, et que beaucoup doivent baisser les yeux devant lui.

Puisse, dans ses nouvelles phases, la plus pure des Religions ne pas tenter de nier ou d'étouffer ce sentiment de l'Honneur qui veille en nous comme une dernière lampe dans un temple dévasté! qu'elle se l'approprie plutôt, et qu'elle l'unisse à ses splendeurs en la posant, comme une lueur de plus, sur son autel, qu'elle veut rajeunir. C'est là une œuvre divine à faire. — Pour moi, frappé de ce signe heureux, je n'ai voulu et ne pouvais faire qu'une œuvre bien humble et tout humaine, et constater simplement ce que j'ai cru voir de vivant encore en nous. — Gardons-nous de dire de ce dieu antique de l'Honneur que c'est un faux dieu, car la pierre de son autel est peut-être celle du Dieu inconnu. L'aimant magique de cette pierre attire et attache les cœurs d'acier, les cœurs des forts. — Dites si cela n'est pas, vous, mes braves compagnons, vous à qui j'ai fait ces récits, ô nouvelle Légion thébaine, vous dont la tête se fit écraser sur cette pierre du Serment, dites-le, vous tous, Saints et Martyrs de la religion de l'Honneur.

Écrit à Paris, 20 août 1835.

FIN.

TABLE.

SOUVENIRS DE SERVITUDE MILITAIRE.

Livre Premier.

I. Pourquoi j'ai rassemblé ces souvenirs 3
II. Sur le caractère général des armées 19
III. De la servitude du soldat et de son caractère individuel 27

LAURETTE OU LE CACHET ROUGE.

IV. De la rencontre que je fis un jour sur la grande route. 37
V. Histoire du cachet rouge.. 48
VI. Comment je continuai ma route.................. 84

Livre Deuxième.

I. Sur la responsabilité....... 97

LA VEILLÉE DE VINCENNES.

II. Les scrupules d'honneur d'un soldat.................. 109
III. Sur l'amour du danger..... 118
IV. Le concert de famille....... 124
V. HISTOIRE DE L'ADJUDANT. Les enfants de Montreuil et le tailleur de pierres........ 133
VI. Un soupir................. 139
VII. La dame rose............. 140
VIII. La position du premier rang. 149
IX. Une séance.............. 158
X. Une belle soirée.......... 165
XI. Fin de l'histoire de l'Adjudant.................. 178
XII. Le réveil................. 182
XIII. Un dessin au crayon....... 191

SOUVENIRS DE GRANDEUR MILITAIRE.

Livre Troisième.

I. 201

LA VIE ET LA MORT DU CAPITAINE RENAUD, OU LA CANNE DE JONC.

II. Une nuit mémorable 207
III. Malte.................... 221

IV. Simple lettre............. 228
V. Le dialogue inconnu....... 240
VI. Un homme de mer........ 265
VII. Réception 306
VIII. Le corps de garde russe.... 310
IX. Une bille................. 329
X. Conclusion............... 342

PARIS. — IMP. J. CLAYE, 7 RUE SAINT-BENOIT.

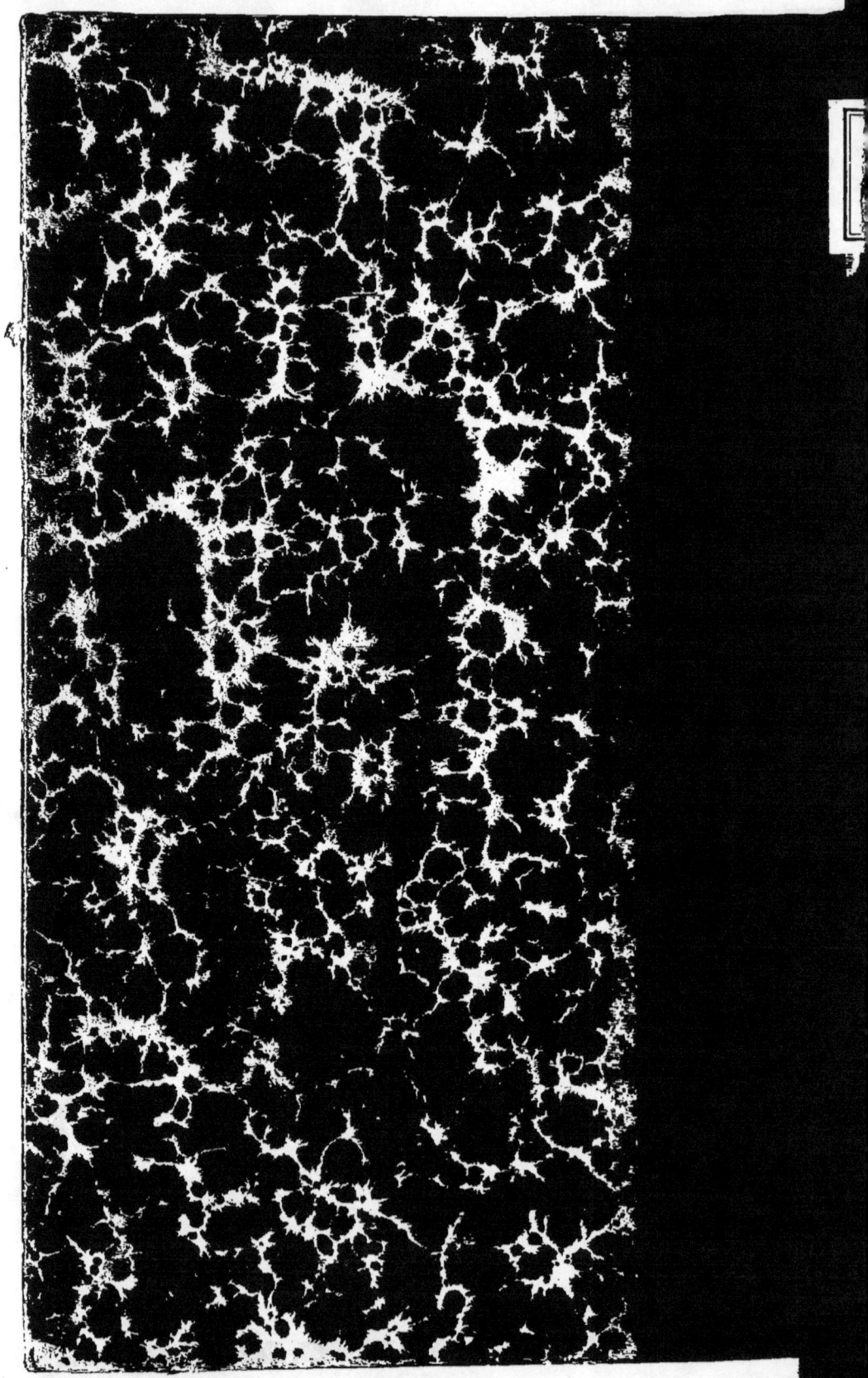

www.ingramcontent.com/pod-product-compliance
Lightning Source LLC
Chambersburg PA
CBHW050300170426
43202CB00011B/1765